MW01535663

13 CONTES DU CORAN ET DE L'ISLAM

© Flammarion pour la présente édition, 2010
© Flammarion, pour le texte et l'illustration, 2007
87, quai Panhard-et-Levassor – 75647 Paris cedex 13
ISBN: 978-2-0812-4217-3

MALEK CHEBEL

13 CONTES DU CORAN ET DE L'ISLAM

Illustrations de Frédéric Sochard

Retrouvez un glossaire en fin d'ouvrage

Flammarion Jeunesse

Ces 13 contes et récits du Coran et de l'islam respectent totalement l'esprit de la tradition qui nous a été transmise par les Anciens. Je n'ai rien ajouté qui puisse la contrarier mais, en même temps, j'ai tenu compte de l'attente possible du public d'aujourd'hui. Depuis dix ans, ce public est soumis à un flot d'informations désincarnées qui trahissent le vrai message du Coran. À ma façon, je milite pour la restauration de ce message, sa vivacité, sa tolérance, sa lumière...

Malek Chebel

la naissance

Dans ce conte, nous rencontrerons des personnages prestigieux, tel l'archange Gabriel ou le prophète Mohammed (570-632). Nous ferons connaissance avec Abraha, sinistre général d'armée, Qoraych, la grande tribu de La Mecque, et Khadidja, la femme du Prophète. Voici le récit de la naissance du Coran.

Tout autour de la Kaaba[1]*, le temple construit par Abraham, une colonne de poussière chaude montait vers le ciel. Au loin, l'horizon minéral disparaissait dans la nuée. Le trépignement des voyageurs était incessant. La chaleur était épaisse. Elle brûlait les yeux. Assoiffées, les bêtes se jetaient sur les auges d'eau que le raïs* de la

1. Tous les mots suivis d'un astérisque figurent dans le glossaire en fin d'ouvrage.

caravane avait disposées le long de la muraille. Il y avait là des chameaux faméliques, d'élégants dromadaires, des zébus blancs, quelques ânes cendrés et des chiens de chasse. Des centaines de Bédouins, peut-être des milliers, déchargeaient soigneusement leurs provisions pour le souk qui se tiendrait le lendemain. Les Mésopotamiens apportaient leur poisson séché, les Omanais leur baume et leur oliban[1], les Yéménites leur or, les Syriens leur tissu. Il y avait des Sémites, descendants d'Abraham et de Sem, des païens ou des polythéistes – scribes ou poètes athées, magiciens ou astrologues, artisans ou rebouteux. D'autres étaient juifs, nestoriens, persans ou nabatéens. Il y avait aussi des Coptes ou des Syriaques, des Arméniens, des Éthiopiens, et même des Africains et des Maghrébins venus de très loin. Toutes les nationalités se côtoyaient à Ukaz, la foire saisonnière de La Mecque.

En ce temps-là, Byzance et la Perse étaient deux grandes puissances. Elles régnaient au nord et à l'est. La cité était prospère et les marchands n'hésitaient pas à parcourir plusieurs centaines de kilomètres pour y exposer leur artisanat. Ukaz était située en bordure de ville, mais ses ramifications se prolongeaient au loin. Les maîtres des lieux, qui

1. Encens.

appartenaient à la tribu de Qoraych (littéralement « petits poissons »), avaient donné leur accord pour la tenue du marché. C'est à eux qu'il fallait payer redevance, sans quoi aucune goutte d'eau ne traverserait le gosier des bêtes.

Grâce à leur rareté, les arbres sont sacrés. Aussi, personne n'osait-il les approcher, les casser ni les déraciner. Dans cette région du Hedjaz en feu, mégalithes et dolmens étaient aussi l'objet de la vénération des populations.

L'eau y était une denrée rare et précieuse, celui qui la possédait jouissait du pouvoir supérieur, celui de la magie. Même les eaux dormantes étaient vénérées. Les puits d'eau étaient surveillés de jour comme de nuit par des gardes armés. Ces guerriers farouches effrayaient les maraudeurs par leur seule présence. Mais si, à Dieu ne plaise, ils étaient attaqués, ils étaient prêts à y laisser leur peau pour défendre la source d'eau. C'étaient généralement des esclaves qui travaillaient pour leur maître. L'oligarchie en place était d'origine marchande, et cette eau était vendue aux cultivateurs et aux pèlerins. La classe des négociants fortunés était celle qui gouvernait dans la région, mais toutes ces familles, constituées en tribus distinctes, étaient tenues entre elles par un code d'honneur strict. Respect du bon voisinage oblige ! Faire la paix quand il faut éviter la guerre, telle était la devise du désert. La tenue de cette foire symbolisait la concorde générale.

*

Mais voilà qu'une mauvaise nouvelle s'abattit sur les citoyens de la ville. C'était le début du printemps. La chaleur était maintenant à son comble et l'eau manquait partout. Quelqu'un annonça que les nappes phréatiques étaient à sec. Les bêtes étaient abandonnées à leur propre sort, les hommes gisaient dans une fournaise noire. C'est le moment que choisit le général Abraha pour attaquer La Mecque. Abraha était le vice-roi d'Éthiopie. Il gouvernait la riche province du Yémen et comptait s'emparer de l'Arabie du Nord. Il voulait avoir accès à ses réserves d'eau et surtout contrôler les routes qui la traversaient. Ce n'était pas sa première tentative et son souvenir faisait trembler les familles. On disait qu'il razziait* tout : femmes, enfants, bêtes, or, argent, provisions... et que ses soldats étaient brutaux, qu'ils brûlaient champs et oasis sur leur passage. Tristes souvenirs !

Une colonne sans fin d'éléphants surgit du néant. Les guetteurs eurent juste le temps de prévenir les femmes et les enfants et de les mettre à l'abri.

Le corps expéditionnaire arrivait par le sud, un endroit funeste appelé « le Quart vide ». C'était bien là, disait-on, le pays du vent meurtrier et des tornades de sable. Rien n'y poussait, au point que les reptiles ne sortaient jamais avant la tombée de la nuit.

L'attaque fut foudroyante. Les éléphants formaient une masse à laquelle rien ne résistait. Les charmeurs de serpents étaient terrorisés, tandis que les éleveurs de faucons ramenaient en hâte leurs volatiles dans leurs cages. Même les poètes étaient fébriles, malgré leur expérience. Ils en avaient pourtant vu, eux qui voyageaient partout et qui déclamaient à tour de bras. Ce jour-là, les mots ne franchirent pas le seuil de leur gorge, et les rares qui parvinrent à formuler quelques strophes finirent en parlant d'horreur et de désastre... Les poètes sont la mémoire des lieux, ils sont sensibles et affectueux. Ils n'aiment ni les pleurs des femmes ni les cris des enfants. Ils se promettent de dire tout haut ce qu'ils voient. Pour l'heure, grands et petits fuyaient l'invasion punitive d'Abraha. Après la bataille, il ne resterait que ruines et désolation. Année de misère que cette année-là ! Pendant que les hommes se morfondaient du spectacle qui s'offrait à eux, les femmes pleuraient en silence. Instinctivement, les enfants apeurés se regroupaient autour d'elles. Cette année-là fut baptisée « l'année de l'Éléphant ». Elle s'est imprimée dans la tête des Mecquois comme une année terrible. Longue est la mémoire : la marche forcée d'Abraha qui, venant de nulle part, a laissé derrière lui une ville désolée et triste. Une véritable descente aux enfers.

*

L'histoire retient aussi que cette même année, en 570 après Jésus-Christ, naquit à La Mecque un petit garçon du nom de Mohammed, « le Loué ». On entendit ses vagissements du côté de la maison d'Amina, sa maman. Abdallah, son papa, était décédé, alors qu'Amina était enceinte de Mohammed. Amina avait une santé fragile, elle ne vécut que quelques années après la naissance de son seul enfant. On mourait très jeune à cette époque. Jamais d'insolation, on y était préparé depuis le plus jeune âge, mais de dysenterie, de fièvre typhoïde, d'épidémies en tout genre... Ce petit garçon, orphelin d'Abdallah et d'Amina, avait maintenant six ou sept ans. Il était pauvre et démuni, sans aucun héritage pour survivre dans le vaste désert. Son très fortuné grand-père l'accueillit chez lui, comme le veut la tradition. Les Arabes recueillaient les orphelins de leur entourage pour qu'ils ne soient pas livrés à eux-mêmes. Ce fut pour une courte durée, car le sort s'acharna sur l'enfant : le grand patriarche décéda quelques mois plus tard, et ce fut alors au tour de son oncle de le convier dans sa demeure.

Une fois adolescent, il dut commencer à chercher à se nourrir seul, à gagner sa vie. Il devint employé de Khadidja, une grande rentière de La Mecque. Une Qoraychite comme lui, mais d'une branche plus puissante. Son travail n'était pas simple. Il devait accompagner les caravanes dans le pays du Cham, au loin, par les sentiers ravinés et un soleil gourmand qui ne le quittait jamais. Pour Mohammed, ce fut le début d'un très long apprentissage. Il n'était pas aisé d'apprendre un métier comme celui de négociant et de caravanier. Un dur labeur. Il fallait se lever tôt, marcher des heures durant, dormir à la dure, dresser des chamelons rétifs, trouver à boire pour la cohorte de bêtes qu'il fallait enchaîner les unes aux autres afin de ne pas les perdre. Ce n'était pas tout. Le caravanier franchissait de grandes distances, allait dans des contrées lointaines, déchargeait les chameaux, savait évaluer toutes les marchandises, et cela du premier coup d'œil. Il savait décider du bon moment pour le troc, sous peine de faire de mauvaises affaires et de rentrer bredouille. Toutes ces qualités, Mohammed les avait déjà. Il était même passé maître dans l'art de la négociation et ses profits étaient visibles. Il était surnommé l'« Homme sûr », Al-Amin. Khadidja remarqua rapidement son sérieux et son honnêteté. Chaque mission qu'elle lui confiait, si dure fût-elle, Mohammed s'en acquittait avec brio. Alors qu'il venait d'avoir vingt-cinq ou vingt-six ans, Khadidja, son aînée de quinze ans, le demanda en mariage. Mohammed accepta. On organisa une cérémonie pour les jours suivants. Elle fut brève et familiale, mais beaucoup d'invités importants étaient présents. Le mariage était une chose primordiale dans la société ancienne. Une fois mariés, les époux ne se quittaient plus. C'était la tradition. Depuis lors, Khadidja veillait sur son époux, car elle tenait à lui comme à la prunelle de ses yeux.

*

Mohammed était un homme silencieux et grave. Il méditait souvent, aimant tout à la fois la solitude et la parole sagace. Il avait maintenant quarante ans. Solidement installé à La Mecque, il était marié à une femme qui l'aimait et qui venait de donner naissance à deux filles, Ruqaya et Zaïnab, et à un garçon, Qâsim, qui mourut très jeune. Alors qu'il se trouvait à Hira, une grotte située sur la montagne An-Nour, sur les hauteurs de La Mecque, il entendit une voix. Il en fut fort surpris. Était-ce une hallucination ? Il se redressa sur son séant. Soudain une lumière phosphorescente apparut à l'entrée de la grotte et tout devint lumineux. « *Iqra !* » lui dit l'étrange apparition. « Lis ! » Comment faire, puisqu'il ne savait ni lire ni écrire ? Commerçant, oui, il l'était, et caravanier, et chamelier, mais lecteur, non, il ne l'était point. L'étrange apparition déclina son nom :

— Je suis l'ange Gabriel, envoyé par Allah* pour te dicter sa parole, le Coran.

Il dit encore :

— Lis au nom de ton Dieu qui a créé, qui a créé[1]...

Admiratif devant une telle fluidité de paroles saintes, et mû par un ressort mystérieux, Mohammed leva les mains au ciel, puis s'agenouilla devant Gabriel. Il reprit les premiers versets du Coran, les lut intérieurement, puis les récita à haute voix.

L'islam est né là, dans la solitude d'une caverne. Au bout de quelques minutes, l'apparition lumineuse disparut. Elle revint souvent par la suite. La grotte de Hira retrouva son obscurité, plus sombre qu'à l'arrivée de l'ange céleste. Mohammed ne comprit pas immédiatement les bouleversements qu'il allait connaître. Un peu étourdi, bouleversé par l'extrême rapidité de la révélation, il se sentait perdu, désorienté.

« Il faut rejoindre La Mecque, il faut rejoindre La Mecque », se disait-il, hypnotisé.

Il ramassa à toute vitesse ses maigres provisions, prit ses effets, sa natte, ses gris-gris d'homme hanif[2],

1. Coran, XCVI, 1.
2. Mohammed était un homme hanif, c'est-à-dire un « prédestiné au monothéisme », tout comme Abraham.

rangea son attirail dans un sac et dévala à grands pas le sentier qui descendait vers La Mecque. À l'époque, c'était une petite bourgade, avec des baraquements et des tentes disséminés sur des parcelles réservées à chaque famille. Chaque tribu avait la jouissance d'une vallée ou d'un monticule. Plusieurs familles constituaient une tribu, plusieurs tribus un clan. Et lorsque les clans se réunissaient, ils formaient une confédération. La Mecque n'était pas encore la métropole d'aujourd'hui qui accueille chaque année des millions de pèlerins. Elle n'était pas encore une ville sainte.

Voici Mohammed aux abords de la ville. Khadidja, sa femme, avait eu un pressentiment. Elle avait compris que son mari avait besoin d'aide. Quelque chose s'était passé là-haut, sur la colline. Elle en frissonnait. Dès qu'il eut franchi le seuil de leur demeure, elle apporta une bassine d'eau, lui lava les mains et les pieds, prépara une boisson chaude avec des dattes et du lait. Elle demanda que l'on sorte une couverture, car son mari était transi.

— Couvre-moi, lui dit-il dans un souffle de mourant, couvre-moi !

Après l'avoir soigneusement emmitouflé dans plusieurs couvertures, Khadidja se risqua à le questionner :

— Que s'est-il donc passé, mon cher époux, ne devais-tu pas rester plusieurs jours à Hira, ton lieu de méditation préféré ?

— Une apparition, une apparition flamboyante, murmura-t-il en guise d'explication. Oui, une sorte de boule de feu m'est apparue. Elle disait se nommer Gabriel. Au bout de quelques minutes, elle m'a demandé de lire... Mais, comme tu le sais, ne sachant pas lire, j'étais en difficulté devant elle. À un moment donné, j'ai senti une force intérieure qui me guidait. C'est comme si j'étais un enfant que l'on prenait par la main. J'étais tout intimidé. Ma bouche, mes lèvres, ma voix, mon esprit, tout en moi s'est mis à réciter ce que l'ange me dictait. Et voilà, ce qu'elle m'a dit : « Lis ! Au nom de ton Seigneur qui a créé, qui a créé l'Homme d'un caillot de sang. »

*

Ce jour-là, le Coran est né. La Révélation a transformé Mohammed en Prophète. La Révélation dure vingt-deux années de suite, de 610 à 632. Le Coran comprend 114 chapitres appelés sourates* et plus de 6 000 versets. Il est aujourd'hui le livre arabe le plus lu et le plus traduit dans le monde. Les musulmans pieux l'apprennent par cœur, ceux qui ne le peuvent récitent les chapitres principaux. Chaque prière débute par la Fatiha, « l'Ouvrante », une sourate que tous les enfants musulmans connaissent par cœur :

Au nom de Dieu, le Clément, le Miséricordieux :
Louange à Allah, Celui qui est aux Cieux, le Seigneur
*   [des Mondes*
Le Très Clément, le Miséricordieux
Maître du Jour Dernier
C'est Toi que nous adorons, et de Toi nous nous
*   [réclamons*
Conduis-nous sur le bon chemin
Le Chemin de ceux que Tu as bénis
Et non de ceux sur qui Tu as éprouvé quelque
*   [colère, les Errants*[1]

1. Coran, La Fatiha, I, 1-7.

L'Hégire

On lira ici le récit de la persécution des premiers musulmans par les seigneurs païens de Qoraych et de la fuite-émigration ou hégire (hijra*) de Mohammed à Médine. On fera connaissance avec Abou Bakr, l'ami du Prophète, qui deviendra aussi plus tard son beau-père, par Aicha, et premier calife après la mort de ce dernier.

Mais d'abord c'est Abou Soufyan, maître incontesté de la cité, qui va terroriser nos exilés.

L es feux étaient éteints sur la ville en cette nuit de la fin du mois de juillet 622 et seule la lune éclairait encore la place centrale. La place était de nouveau dégagée des dernières victuailles que le marché hebdomadaire de fruits et légumes avait laissées. Vers une heure du matin, alors que les chants des grillons s'étaient tus et que le perroquet des voisins penchait la tête pour dormir, deux ombres se glissèrent furtivement hors de la grande maison en pisé située au fond de l'impasse. Elles escaladèrent le muret qui servait d'enclos et délimitait le jardin. Il s'agissait de Mohammed, le saint Prophète et d'Abou Bakr, son plus proche compagnon et futur gendre. La décision de quitter La Mecque avait été prise au moment de la prière du soir, car les nouvelles étaient mauvaises. Personne n'avait été mis au courant, hormis les femmes et les premiers assistants qui représentaient les fidèles parmi les fidèles. Il y allait de la sécurité de tous et surtout du succès de l'entreprise.

*

À La Mecque, depuis quelque temps, le danger guettait. Les seigneurs de la ville, polythéistes, rentiers et aristocrates, en voulaient à la vie de celui qui cherchait à saper leur puissance économique, leur pouvoir absolu. Abou Soufyan et ses proches avaient compris que l'islam était désormais une menace pour leurs intérêts, car un nombre grandissant de nouveaux arrivants accouraient à l'appel du Prophète. Ils étaient démunis de tout, des déshérités des faubourgs, des malheureux, des handicapés, des orphelins, des esclaves...

— Pensez-vous, même nos esclaves ! s'exclamaient les grands seigneurs repus de richesses.

— Un Qoraychite de notre sang... rappela, le verbe haut, le puissant Abou Soufyan.

— Et prophète avec cela, rétorqua Hind, sa femme, une véritable harpie. On aura tout vu !

— Le voilà maintenant opposé à notre richesse, renchérit un autre marchand venu aux nouvelles.

— Il renie nos dieux lares[1], dénigre l'institution séculaire du maître et de son esclave et professe une religion égalitariste, continua Abou Soufyan.

— Un message venu de Dieu... dit avec médisance Hind, n'est-ce pas folie que de suivre de telles divagations ?

Tels étaient les mots qui furent prononcés à la dernière réunion des chefs de clan, avec, d'un côté, les cheikhs* de toute la contrée, les grands dignitaires, les marchands et les dépositaires de biens à la Kaaba et, de l'autre, le chef charismatique de La Mecque, Abou Soufyan et sa femme Hind. Les Qoraychites d'un certain âge, qui jusqu'alors vivaient dans l'opulence et l'oisiveté, ne pouvaient accepter que Mohammed, ce faiseur un peu suffisant, fasse de l'ombre à leurs familles. Ils étaient très en colère. Ils piaffaient d'impatience et voulaient en découdre avec lui. Aussi, lorsque la décision fut prise et qu'il fallut passer à l'action le plus vite possible, ils

1. Dans l'Antiquité romaine, les dieux ou les esprits chargés de protéger la maison et les lieux familiers.

furent les premiers à se réjouir. N'allaient-ils pas appréhender Mohammed, le prédicateur de la foi, le fou du monothéisme ? L'ordre fut donné de l'empêcher, mort ou vif, de propager sa religion auprès des suzerains de la province et auprès des domestiques de la Kaaba. Car beaucoup d'entre eux commençaient à lui prêter attention.

— Qu'allons-nous perdre ? reprit le chef ayant compris le désir de ses hommes. Nous ferons appel à la légion d'esclaves et de mercenaires qui nous tient lieu d'armée, et chaque unité sera conduite par l'un des nôtres. Toutes ces résolutions devront être mises en acte à l'aube, avant que Mohammed ne l'apprenne.

*

Alors que l'armée d'Abou Soufyan dormait encore, les deux fugitifs s'éloignèrent promptement, sans faire de bruit, laissant derrière eux femmes et enfants de façon à ne pas éveiller les soupçons des gardes. À cette heure tardive de la nuit, même la poussière que leurs sandales soulevaient par moments ne pouvait se voir dans l'ombre épaisse des maisons. Lorsque les deux hommes se furent éloignés, et qu'aucun mouchard n'eut donné l'alerte, ils purent s'arrêter pour souffler un peu. Au loin, leurs aides de camp les attendaient avec deux chevaux légèrement harnachés. Ne fallait-il pas ruser afin d'échapper à la surveillance dont ils étaient l'objet depuis plusieurs jours ? Il leur avait fallut être à l'affût du sommeil des gardiens postés tout autour de leur demeure pour pouvoir se glisser en dehors du périmètre dangereux. Quant aux chevaux, ils avaient été escortés à l'extérieur de la ville depuis le début de l'après-midi, quand le soleil était suffisamment haut pour pousser tous les curieux sous les auvents des demeures cossues et sous les tamaris feuillus.

Mohammed et Abou Bakr prirent rapidement possession de leurs pur-sang, libérèrent leurs aides de camp et s'éloignèrent en hâte en direction du nord.

— Il ne faut pas prendre le chemin des caravanes, dit Mohammed à son compagnon, car une rencontre impromptue peut faire échouer notre plan.

— Les soldats de Qoraych vont comprendre qu'ils ont été trompés, fit Abou Bakr, qui suggéra de s'enfoncer droit dans la vallée la plus escarpée.

— Tu as raison, compagnon, acquiesça Mohammed, cela détournera un peu nos poursuivants.

Mohammed connaissait sur le bout des doigts ces régions pour les avoir sillonnées des années durant du temps où il accompagnait les caravanes de Khadidja, sa défunte épouse. Il hocha la tête, d'un air entendu. C'est le sort des prophètes d'être chassés de leur ville. N'était-ce pas son cas ? Une fuite-immigration, un départ, un exil. De là vient le mot hégire, « s'exiler », « quitter sa patrie ». Mohammed se consolait en songeant que la séparation est toujours riche de mille rebondissements. Il le savait par expérience. Lorsque les premières lueurs rosirent l'horizon, ils étaient déjà loin. Seule la rocaille blanche les entourait de toutes parts. Plus loin, ce furent les lits d'oueds asséchés du Hedjaz qui jalonnèrent leur chemin vers Rabigh, Mastura et d'autres localités, jusqu'à Yathrib, leur destination finale.

*

Abou Soufyan était un général aguerri. Il envoya aussitôt deux soldats vérifier si le jeune Prophète était encore dans sa demeure. Ayant constaté le silence de tombe qui régnait autour de la maison, alors même que les gardes dormaient encore à poings fermés, il intima l'ordre à ses sbires de forcer la porte de la maison de Mohammed et celle, attenante, d'Abou Bakr.

— Vides, elles sont vides ! dirent en chœur les sbires affolés. Mohammed et Abou Bakr ne sont plus là, ils sont partis...

Le bruit se répandit comme une traînée de poudre. Bientôt, tous les habitants de La Mecque surgirent de leur torpeur. « C'est donc cela, se disaient-ils, Mohammed et Abou Bakr ont fini par céder aux sirènes de Yathrib, la ville félonne. »

L'armée de Qoraych s'organisa avec la rapidité de l'éclair. Chacun sentait que ce départ était inévitable, mais personne ne le pensait aussi proche, aussi imminent. Des unités de deux ou trois soldats armés furent envoyées dans toutes les directions. Ils se disaient que Mohammed et Abou Bakr n'emprunteraient pas la route balisée des caravanes, de peur d'être dénoncés par des malveillants et appréhendés comme des fugueurs. Il fallait épouser leur raisonnement, prévoir leurs détours.

Les pisteurs étaient déjà à l'œuvre. Ils scrutaient d'éventuelles brindilles brisées, des traces de pas, la fiente de chevaux ou de chameaux.

Un groupe parmi d'autres, après réflexion, prit la bonne direction. Au départ, le sol rocailleux ne leur livra aucun indice, mais au fur et à mesure qu'ils s'enfoncèrent à travers les monticules du Hedjaz, des éléments concordants vinrent confirmer leur intuition. La course du soleil faisait partie de leurs critères.

— Pour gagner du temps, les fuyards ne pouvaient avoir le soleil dans les yeux. Il faut donc qu'ils aient emprunté un chemin qui leur permet d'avoir tout le temps le soleil dans le dos pour échapper à sa brûlure.

Cette hypothèse était la bonne. Et, au moment même où Mohammed et Abou Bakr faisaient une première pause, les soldats se mirent à renifler l'odeur des bêtes et à identifier quelques pas. Le piège était en train de se refermer sur les infortunés. Auparavant, ils avaient lâché leurs chevaux dans une vallée verdoyante, afin de dérouter les poursuivants. Mais tout cela ne suffit pas à les tromper.

Quand les deux soldats arrivèrent devant la grotte du mont Thaur où se trouvaient Mohammed et son compagnon, un miracle se produisit, puis un deuxième, puis un troisième. Allah veillait sur son Prophète et sur son compagnon. D'abord, l'entrée de la grotte se rétrécit soudain. La tradition, toujours prompte à magnifier, prétend qu'au même moment un ange fut envoyé pour creuser une voie de secours dans la partie opposée de la grotte. Et, devant le refuge, une araignée géante se mit à tisser sa toile à toute allure. Des pigeons firent leur nid à quelques mètres de là et se mirent à roucouler paisiblement. On entendait d'autres oiseaux qui piaillaient tout autour. L'araignée acheva sa toile, tandis que se poursuivait la mélodie joyeuse de la nature.

— On a dû faire fausse route, dit l'un des deux hommes. Comment peuvent-ils être ici si l'araignée est bien tranquille et que tous les oiseaux chantent paisiblement ?

— Ils ne peuvent pas être ici, ils nous ont semés, confirma le second soldat. Revenons sur nos pas pour voir à quel endroit nous avons perdu leur trace.

*

Les heures passèrent, et le soleil commença à décliner. Moins d'une heure après, la nuit enveloppa de son manteau de velours toute la vallée. Les chances de retrouver les fuyards s'amenuisaient à mesure que le champ visuel diminuait. Longue est la nuit.

Assis sur un tertre au sommet d'une colline, les soldats étaient déroutés. Ils tinrent conseil.

— Faut-il bivouaquer ici en attendant le lever du jour ? demanda le premier.

— Et poursuivre les recherches demain, passer le col, descendre dans la vallée des ombres, rejoindre la côte ? poursuivit l'autre.

L'hésitation était à son comble, ils ne savaient quoi penser. Cependant, ils n'avaient guère le choix, car Abou Soufyan avait exigé qu'on lui rende compte en fin de journée, même tard. Il avait besoin des informations qui lui venaient de toutes parts. Qui sait si leur échec n'était pas une confirmation d'une piste plus sûre ?

C'est ainsi que Mohammed et Abou Bakr durent leur survie à une araignée besogneuse qui avait éprouvé le besoin de reconstituer sa toile. Ce miracle fut compris par les deux amis comme un message de bénédiction du Ciel. Dieu était avec eux. Après s'être agenouillés pour Lui rendre hommage, ils s'endormirent d'un sommeil profond. À l'aube, en un endroit fixé d'avance, ils iraient rejoindre leurs serviteurs, qui leur donneraient de nouvelles montures, sellées et harnachées, et des provisions suffisantes pour la longue journée qui les attendait.

*

La nouvelle de la fuite du Prophète parvint très tôt à Yathrib, la future Médine, la ville où ses partisans étaient allés se réfugier en attendant le jour de sa venue. Recevoir le nouveau Prophète était pour eux une aubaine. Les tribus de Médine souffraient depuis longtemps de l'ombre que leur faisait La Mecque. Grâce à cet accueil triomphal, elles espéraient prendre leur revanche sur la cité rivale du Sud. Non pas devenir riche comme elle, Médine l'était tout autant, mais retrouver le prestige d'antan, sa fierté, sa puissance. Médine pensait déjà au carrefour des tribus et des voyageurs qu'elle allait devenir. Lorsque les deux célèbres Mecquois arrivèrent dans les proches faubourgs de la ville, tous les habitants quittèrent leurs demeures pour venir à leur rencontre. Et tous en chœur, ils entonnèrent cette chanson :

Une aube nouvelle s'est levée
Nous recevons le Prophète de l'islam
Auquel nous offrons la vie
Et Yathrib, la ville que nous aimons
Devient sa Ville

La ville du Prophète, « Madinat an-Nabi », est l'actuelle Médine.

Depuis ce jour, la deuxième ville sainte de l'islam s'appelle Médine, « La Ville », un condensé de l'expression arabe utilisée par les Médinois en guise de bienvenue au Prophète. D'ailleurs, Mohammed y est encore enterré et tous les pèlerins qui passent à Médine visitent sa tombe.

Les Messagers

En 615, le Prophète Mohammed et ses disciples étaient en butte à l'hostilité des Mecquois. Ils essuyaient exactions, persécutions et autres offenses de la part des Qoraychites, qui se sentaient puissants.

Aussi, avant de quitter La Mecque, le Prophète avait-il pris soin d'envoyer un groupe de croyants se réfugier en Abyssinie, où ils furent accueillis par Nadjachi, leur chef, qui leur accorda l'asile. Ils étaient au nombre de quatre-vingts.

Ils étaient dix, ils étaient vingt, ils étaient cent. Peut-être plus. Chacun avait une mission bien précise : transmettre le message. Jaafar ibn Abi Taleb, l'un des cavaliers du Prophète, chef d'une délégation forte de quatre-vingts personnes, dont Ruqaya, la fille du Prophète, et Uthman, son mari, devaient rejoindre la mer Rouge, embarquer sur des boutres* égyptiens, traverser les remous du Bab al-Mandab et rejoindre, en Abyssinie, la capitale du Négus. Négus, grand roi chrétien éthiopien, avait vaguement entendu parler de l'islam, de cette religion que le Prophète avait reçue, mais il n'en savait que peu de chose.

Enroulés et serrés dans un parchemin, les versets coraniques brûlaient littéralement le ventre de Jaafar, qui galopait en direction de la chaîne montagneuse qui barre l'Arabie, à l'ouest. La délégation le suivait par un autre chemin. La mer Rouge était encore loin et le soleil commençait à darder. Il fallait s'arrêter afin de ne pas épuiser les montures. Un camp fut dressé à la hâte. Tandis que les musulmans priaient Allah en s'agenouillant à même le sol, leurs chevaux furent conduits par des gardes à une source fraîche qui sortait de la roche rose. Ils reprendraient leur échappée après la tombée de la nuit, car la route serait plus facile. Les guides connaissaient parfaitement cette terre, ils ne perdraient pas de temps. Les embarcations levèrent l'ancre à l'aube. Dès qu'il les vit approcher, le capitaine donna l'ordre à son moussaillon de mettre à l'eau le navire. Ils fondirent sur lui comme une nuée blanche.

— Attendez-nous, cria de loin Jaafar, nous sommes les émissaires d'Allah, et nous partons pour l'Abyssinie. Attendez !

Le capitaine, un peu surpris, fit signe à son moussaillon de relâcher prestement les amarres.

La traversée fut aisée, un vent arrière s'était même levé au milieu du détroit. Le navire, correctement charpenté, était solide et vif à la fois. La proue fendait l'azur avec grâce. Parfois, la vitesse était telle qu'un chant de bulles naissait du contact du bois lisse avec l'eau. On entrevoyait déjà l'autre rive. Dès qu'ils mirent pied à terre, les hommes reprirent leur chevauchée. Enfin, au bout de plusieurs heures de course entrecoupée d'une marche à vive allure, Jaafar et ses compagnons touchèrent au but.

*

La ville était entourée de murailles, signe que des guerres fratricides avaient lieu en cette contrée : les différents souverains avaient dû faire élever les murets qui protégeaient le palais et les demeures de l'irrésistible poussée du sable.

Jaafar se présenta devant le garde principal.

— Je suis Jaafar, fils de Abou Taleb et messager de Mohammed, prophète de l'islam, je veux rencontrer votre roi.

— Ne savez-vous pas, étranger, que le roi ne reçoit que les personnes qu'il a choisies ?

— Mais j'ai un mandat, une recommandation de notre Prophète Mohammed, il m'a confié une mission.

— Et quelle est-elle, cette mission ?

— Transmettre la Parole qu'il a reçue de la bouche incarnadine de l'archange et qu'il doit à son tour transmettre aux rois et aux reines de ce monde, afin de les convertir à la religion d'Allah.

— Mais nous n'avons pas besoin d'être convertis, nous tenons, nous aussi, à notre sainte religion, incarnée par notre prophète bien-aimé, notre Très Saint Jésus-Christ, Seigneur du Monde et martyr de la Croix.

La discussion prenait une tournure que Jaafar n'avait pas prévue. Était-ce donc un peuple instruit dans les affaires religieuses ?

Le gardien s'effaça soudain devant un officier de haut rang, peut-être un membre de la garde royale, mais habillé en tenue de fête. Non, c'était le roi lui-même !

— Dites-moi, messager, quels sont ces mots que votre soi-disant prophète vous charge de me transmettre ? D'habitude, cette contrée n'est pas sûre et il n'y a que des brigands ou des marchands en quête de fortune qui la traversent sans peur, l'appât du gain l'ayant toujours emporté sur la peur chez les sans-chemin. Il faut bien que cette missive soit importante pour risquer la vie de tous ces valeureux guerriers pour elle.

— Votre Majesté, je suis au service d'Allah et non pas au service du Prophète. Tel est le message que le Coran nous enseigne. Mohammed est pour nous un homme et non un dieu. Il nous enseigne le Coran, qui lui fut transmis intégralement par l'ange Gabriel.

— Si cette parole est celle d'Allah, cela voudrait dire qu'elle est parfaite, et convaincante, car deux Qoraychites m'ont demandé de vous traiter comme des hors-la-loi. Ils m'ont dit beaucoup de mal de votre prophète.

— Acceptez que je vous récite quelques versets de notre saint Coran.

— Faites comme il vous plaira, toute ma cour sera heureuse de vous entendre.

Et puis, marquant un petit silence, le roi dit :

— Que dit votre prophète de Marie, la Sainte Mère du Christ ?

— Que Marie est une vierge immaculée, répondit Jaafar. Voici ce que nous enseigne le Coran : « Ô Mohammed ! Marie se retira loin de sa famille et alla du côté de l'est. Elle se couvrit d'un voile qui la préserva des regards. Nous envoyâmes vers elle notre esprit qui prit la forme harmonieuse d'un être humain. Elle lui dit : "Je cherche en toi le Miséricordieux, si tu es pieux." Il répondit qu'il était justement l'Envoyé de son Seigneur, venu à elle pour lui donner un enfant pur. "Comment aurai-je un fils, répondit-elle, alors qu'aucun être humain ne m'a approchée et que je ne suis point une débauchée ?" Il dit alors : "Ainsi en a voulu ton Seigneur." Chose aisée pour lui que de créer un signe évident devant les hommes et une bénédiction. L'arrêt est tenu[1]... »

— Que dit votre livre sacré de Jésus ?

— Le Coran annonce ceci : « C'est alors que les anges dirent à Marie : "Dieu t'annonce son Verbe. Il se nommera le Messie, Jésus, fils de Marie, illustre dans ce monde et dans l'autre. Il fera partie des plus proches de Dieu[2]". »

— Que dit-il des autres prophètes ?

— Il dit : « Le Prophète Mohammed a cru au message qui lui a été révélé par le Seigneur. À l'instar de tous les croyants, il a cru en Dieu, à ses anges, à ses Livres et à ses prophètes. Car nous ne faisons aucune distinction entre aucun de ses prophètes. Ils ont dit : "Nous avons entendu et nous avons obéi." Ton pardon, Seigneur, tel est le dernier recours[3]. »

— Que dit votre Coran du paradis et de l'enfer ?

— Que cela est une certitude et que chacun de nous est destiné soit à l'un, soit à l'autre, selon nos œuvres commises ici-bas.

— Que dit-il du Jugement dernier ?

1. Coran, XIX, 16-21.
2. Coran, III, 45.
3. Coran, II, 285.

— C'est le jour où les hommes seront rappelés à Dieu. C'est un jour terrible et inéluctable. Nul n'y échappera.

— Votre religion est-elle au service de Qoraych, votre tribu, ou doit-elle parler à l'ensemble des tribus ?

— Notre religion nous demande de respecter le fort et le faible, le riche et le pauvre. Elle parle aux autochtones comme aux étrangers. Elle prêche le respect sans limites pour les voisins et les nécessiteux. Et même les enfants sont bénis par l'islam, et rien qui puisse être vivant n'est en reste à nos yeux !

Après avoir écouté les réponses précises de Jaafar, fils d'Abou Taleb et que la cour tout entière se fut extasiée de la facilité avec laquelle le messager de Mohammed avait évité les pièges et contourné les difficultés, le roi d'Éthiopie, le Négus en personne, fondit en larmes, suivi en cela par sa cour. On eut l'impression que toutes les larmes de son corps se vidaient d'un seul coup. Enfin, au bout de plusieurs minutes, il reprit son calme et déclara d'une voix rauque :

— Nous crûmes entendre le Message même de notre Sauveur, le Christ. C'est extraordinaire. Vous prêchez l'unitarisme d'un seul Dieu, vous dites être les messagers du monothéisme strict et que Dieu est omniscient. C'est là un prodige qui donne à votre religion une plus grande dignité que celle que nous rapportent ses détracteurs. Vos ennemis, en effet, sont venus nous voir, et le tableau qu'ils nous ont dépeint était loin de ressembler au vôtre. Eh bien, sachez que nous préférons traiter avec les chantres de la paix et du respect qu'avec ceux de la calomnie.

*

Le Négus paraissait renaître. Une lumière animait son visage et ses yeux brillaient d'un feu éclatant. Il fit un petit signe de la main à son grand chambellan, qui s'éclipsa derrière une tenture, avant de réapparaître aussitôt. Ses bras étaient chargés de présents. Le Négus, apaisé, voulait leur témoigner son amitié. Son geste royal le signifiait très clairement.

— Jaafar, et vous autres cavaliers, amis proches du Prophète Mohammed, parents et nouveaux convertis, vous venez prêcher la religion de la paix, et c'est au nom de cette paix que je vous accorde l'hospitalité. L'aman[1] est sur vous, et cela tout le temps que vous serez dans cette maison et sur cette terre. Vos chevaux seront nourris et soignés, tandis que vos femmes seront respectées. Je donne ordre pour que

1. Le fait de laisser la vie sauve à un ennemi vaincu. On peut employer ce mot dans le sens de « paix retrouvée », comme un pacte de non-agression mutuelle.

vous puissiez aller où bon vous semble. Vous pourrez accéder à la chapelle du palais de jour comme de nuit. Vous y prierez votre Dieu sans nous offenser.

— Reconnaissez-vous donc le message que je vous porte ? Vous croyez en notre religion ? Vous allez devenir musulman ?

— Il n'est pas, hélas, dans notre intention de devenir musulman ; notre religion nous donne pleine satisfaction, et nous ne sommes pas en perdition, comme c'est le cas d'autres chrétiens. Si vous acceptez de lire quelques parchemins de notre Sainte Église, vous comprendrez que nos racines et nos croyances sont très anciennes, elles existent depuis des siècles. Jetez un coup d'œil à la bibliothèque attenante à l'église, vous y lirez des récits qui vous étonneront par la ressemblance avec votre propre message. Vous comprendrez alors que je n'ai aucun besoin de quitter ma foi pour embrasser la vôtre, bien que tous les détails de cette dernière correspondent à notre propre enseignement.

— C'est donc l'ancienneté de votre religion qui l'impose comme meilleure ?

— L'ancienneté n'est qu'un petit aspect face à l'immensité des lois et préceptes divins que notre Seigneur Jésus nous a transmis. Ce n'est pas une directive stricte, mais une sagesse, oui... une sagesse et surtout un message de paix, d'amour pour le prochain. Voici le message de notre Sauveur.

Et le roi de parler de la Bible, de l'Évangile, de la Parole sainte et des milliers de récits qui les entourent. Il en expliqua les sens cachés et les élaborations qu'elle avait déjà connues de la part des Pères de l'Église. Il avait un air si sincère que les chevaliers durent admettre que cette autre religion était aussi puissante que l'islam.

— Votre Majesté, je suis impatient de rapporter votre réponse à notre Saint Prophète. Quand pourrions-nous repartir à La Mecque sans offenser votre Seigneurie ?

— Demain, si vous le souhaitez. Je vous ferai accompagner par dix de mes meilleurs cavaliers. Ils vous conduiront jusqu'à la frontière du pays. Vous embarquerez dans la rade qui vous convient le mieux. Vous serez porteur d'une réponse circonstanciée pour Mohammed, votre Prophète. Un message de paix, car j'ai appris par votre relation que le voisinage est important aux yeux de votre doctrine.

— Les voisins ont des droits sacrés les uns sur les autres, renchérit Jaafar.

Le soleil s'était couché derrière les montagnes depuis fort longtemps lorsque le roi en personne raccompagna ses hôtes. Au passage de leur souverain, tous les convives se levèrent et s'inclinèrent très bas. Aucun d'entre eux n'avait osé interrompre le maître durant la longue controverse amicale qui l'avait opposé à Jaafar et son escorte. La réception s'achevait dans la sérénité.

*

Tandis que le messager du Prophète, fourbu, allait enfin s'allonger pour dormir quelques heures, un ange tout blanc flotta au-dessus de son lit.

En 622, l'islam s'étant imposé à Médine, il fallait répandre la bonne parole, dire l'existence du saint Coran. Le Prophète confia cette mission à un grand nombre de cavaliers, afin qu'ils partent aux quatre coins de la terre pour convertir les rois les plus puissants, Héraclius, l'empereur de Byzance, Maukawqis, vice-roi byzantin établi à Alexandrie, en Égypte, un copte monophysite. Ce conte reprend pour les fondre ces deux événements historiques, celui de la famille que l'on protège du complot des Qoraychites et celui des cavaliers d'Allah prêchant la bonne parole.

La traduction de cette expression est : « Que la Paix soit avec vous ! » Elle exprime la vertu de solidarité et d'entraide entre tous les hommes. « Incha'Allah* », disent toujours les Musulmans, car on n'est jamais sûr de rien !

Un garçon du nom d'Abdoul[1] avait élevé Baba, un perroquet qui savait dire « Salam alaykoum, Abdoul », formule de salutation des musulmans. Il vivait paisiblement dans un village au bord de l'océan Indien, à l'ombre des palmiers sauvages, des platanes et des mangroviers. Un jour qu'Abdoul était aux champs, des maraudeurs volèrent Baba. Par négligence, il avait laissé

1. Abdoul est le diminutif d'Abdoullah, « Le serviteur d'Allah ».

sa maisonnette isolée sans surveillance. D'habitude, son fidèle chien Karibu* montait la garde. Il n'était pas méchant, Karibu, mais il savait aboyer à tue-tête lorsqu'il le fallait, faisant ainsi fuir les maraudeurs et les chenapans désœuvrés qui venaient de loin pour commettre quelque larcin. Mais ce jour-là, Abdoul avait besoin de son chien Karibu. Certaines cultures avaient été piétinées, d'autres arrachées, sans que l'on sache ni pourquoi ni par qui. D'où venaient donc ces destructions ? Il fallait un chien bien dressé pour surveiller les passages suspects, se disait Abdoul. Et Karibu aimait la responsabilité car, contrairement à l'image qu'il donnait, c'était un chien qui n'aimait pas musarder toute la journée, sans rien faire. Il avait d'ailleurs de la personnalité et ne manquait pas de le montrer en certaines occasions. Son maître pouvait compter sur lui. Cependant, ayant pris beaucoup de temps à la surveillance des champs, Abdoul avait oublié ses devoirs à la maison. Et, de retour chez lui, il ne fut pas accueilli par un tonitruant : « Salam alaykoum, Abdoul ! » Le perroquet avait disparu. Abdoul était très chagriné par cette perte, ainsi que Karibu, son chien. Tout le village en fut peiné, en particulier les voisins d'Abdoul, qui s'étaient habitués aux cris du perroquet. Très déprimé, Abdoul ne dormait plus, ne mangeait plus. En pleine nuit, on le voyait tourner en rond dans la seule pièce de sa maisonnette. Mais, au bout de trois jours, sa décision était prise. Au lieu de rester à l'ombre du palmier à regarder l'eau du fleuve couler lentement, Abdoul avait décidé de tout mettre en œuvre pour retrouver son ami. Il ferait tout ce qui était en son pouvoir pour atteindre son but, et rien ne le découragerait. Il lui serait beaucoup pardonné, lui qui avait tant souffert de sa négligence. Très croyant, Abdoul ouvrit le Coran et récita quelques passages. Il se rappela le verset où il était dit : « Le bien qui t'arrive provient de Dieu ; le mal qui t'arrive ne peut venir que de toi-même[1]. »

Or chacun savait qu'Abdoul était incapable de faire du mal. Il lui fallait donc corriger cette fatalité, remuer ciel et terre s'il le fallait pour retrouver son ami le perroquet.

*

Il arpenta les ruelles de terre de son village, mais personne n'avait vu ni entendu Baba. Les habitants du village étaient sincères. Abdoul pensait donc que Baba était très loin et qu'il avait besoin de lui. Après tout, il était son maître. Aussi était-il temps d'élargir le champ de l'enquête. Sans se laisser abattre, Abdoul poussa sa recherche jusqu'au village voisin,

1. Coran, IV, 79.

puis jusqu'à un autre, puis un troisième. Plus que jamais sa volonté de retrouver Baba était intacte. Poussant les portes des marchands, celles des villageois, celles des demeures inconnues, Abdoul finit par franchir les trois collines qui séparaient son village d'agriculteurs d'un autre bourg où l'on savait forger le fer. On lui avait dit qu'il se tenait là, une fois par semaine, un commerce de perroquets de toutes sortes. S'agissait-il d'un marché hebdomadaire ou d'une rencontre conviviale entre propriétaires de perroquets ? Un village d'éleveurs de perroquets ? « Je dois voir par moi-même », se disait Abdoul avec espoir. Quelqu'un lui raconta qu'il s'y réunissait régulièrement tant de perroquets que chaque fois le chef du village était obligé de prononcer un discours. Tout joyeux de leur sortie, les perroquets de toutes les espèces et de toutes les origines formulaient dans différentes langues des phrases incompréhensibles. Ils venaient du Brésil, d'Afrique, d'Océanie... Certains arrivaient à chanter tout leur soûl la même chanson, sans toutefois dépasser le premier refrain, ce qui amusait beaucoup les enfants. Lorsque les perroquets parvenaient à dire des mots intelligibles, les enfants les applaudissaient. Très fiers de leur prestation, les volatiles soulevaient leurs ailes et disaient : « Rô, rô, rô », ce qui dans leur langue signifiait « Merci, merci, merci ». Les mieux éduqués parmi les perroquets pouvaient aligner une dizaine de mots dans différentes situations. Parfois, leur façon de prononcer « Je t'aime » ou « Je t'attends » n'était pas dénuée de coquetterie. Des femelles, sans doute ! Celui qui se trouvait pour la première fois dans un tel rassemblement pouvait à bon droit se croire perdu dans la tour de Babel*. Toutes les langues de la planète et toutes les couleurs y étaient représentées.

*

Flanqué de son chien Karibu, Abdoul fit son baluchon, un modeste sac qu'il portait sur le dos. Il glissa à l'intérieur une bonne ration de grains de blé et de riz de la meilleure qualité. C'est ce que Baba aimait le plus : du riz long cuit à la vapeur. Il n'avalerait rien d'autre, quitte à en mourir. Abdoul connaissait les goûts princiers de Baba. Depuis des années, il les acceptait sans broncher. Car on trouve de tout sur les bords de l'océan : c'est un pays de cocagne.

Aujourd'hui, c'était jour de marché dans le village au-delà des trois collines, le village des perroquets, ce qui rendait plus difficiles ses recherches. Arrivé à la place centrale, Abdoul demanda à un marchand s'il n'avait pas vu un perroquet aux couleurs du paradis. Le marchand n'avait rien vu de tel. Un perroquet aux couleurs du paradis, comment aurait-il pu le remarquer au milieu des dizaines de perroquets, tous chamarrés, endimanchés et ornés de leurs galons dorés ? « Je ne peux t'aider, Abdoul », lui dit de nouveau le marchand, navré de ne pouvoir rendre service à ce jeune homme si honnête.

Et personne ne semblait pouvoir l'aider...

Alors qu'il passait devant la vieille masure d'un marchand de graines, celui-ci lui lança :

— J'ai appris que tu cherchais un perroquet qui répondait au nom de Baba...

— Oui ! souffla Abdoul, inondé de l'espoir de retrouver enfin son ami.

— Va voir le marchand de perroquets qui se trouve à l'autre bout du marché. Tu le reconnaîtras à ce signalement : il a disposé des plumes de paon devant sa boutique. Va le voir de ma part, je suis hajj* Hamou. Il ne pourra te mentir.

Abdoul rebroussa chemin et partit en courant dans la direction que hajj Hamou lui avait indiquée. Tantôt, Karibu le suivait, tantôt il le précédait. Ils arrivèrent bientôt devant la boutique signalée par des plumes d'oie et de paon. Le cœur battant, ils franchirent vivement le seuil.

— Marhaba*, leur dit le marchand, avec un large sourire. Soyez les bienvenus chez moi.

— Vous n'avez pas vu un perroquet aux couleurs du paradis ? demanda Abdoul, avec appréhension. Il répond au nom de Baba !

Dans sa précipitation et son trouble, Abdoul n'avait même pas respecté l'usage habituel des salamalecs[1].

— Comment aurais-je pu l'oublier si je l'avais vu ? répondit le marchand, piqué au vif par l'intrusion de nos deux compères. Et que dit ton perroquet, jeune homme ? Nous les appelons par les phrases qu'ils prononcent : Jambo, Asante, Bye-Bye, Coco-Coco, Ichliebedich, Tiamo-Tiamo, etc. C'est par ce qu'ils savent dire que nous les identifions. Alors que dit ton perroquet ?

— Il dit : « Salam alaykoum, Abdoul. »

— Aucun perroquet ne dit cela chez moi, répliqua le marchand, tout en époussetant négligemment un oiseau en peluche qu'il venait de rembourrer. Je le regrette vraiment. Tu parais épuisé et j'aurais aimé t'aider.

Tout penaud, la tête entre les épaules, Abdoul ne savait plus quoi faire. Il rebroussa chemin dans l'intention de rentrer chez lui. Il était triste et abattu. Karibu, lui, était sur le qui-vive, les oreilles pointant vers l'avant. Il semblait flairer une piste qu'Abdoul avait négligée. Soudain, il lança un jappement. Aboyer était son affaire. Il ne s'arrêterait que lorsqu'il aurait la certitude que Baba l'avait bien entendu et reconnu. La réponse ne tarda pas à venir sous la forme d'un appel languide, à peine audible, qui sortait du

1. Salutations.

fond de la boutique. On entendait pourtant distinctement la phrase de Baba : « Sa... lam alay... koum, Ab... doul ! » Fou de joie, Abdoul courut à travers la colonnade de cages bien rangées.

— Le voilà, le voilà, cria-t-il à l'intention du marchand acariâtre. Le voilà, je l'ai trouvé, mon beau perroquet aux couleurs du paradis. Oh, Baba, ce que tu m'as manqué !

Ses yeux ne purent contenir les larmes de son corps. Il éclata en pleurs.

— Ah, tu parles d'un perroquet ! Il n'a pas ouvert le bec depuis qu'il est chez moi, cela fait bien une semaine. Il était en mauvais état, votre ami, quand on me l'a vendu, ce sont deux garçons qui disaient l'avoir trouvé dans la rue. Le pauvre perroquet cherchait un endroit pour se cacher du froid et de la poussière. Il avait faim et soif, la lumière le gênait. Il était sale et mouillé. J'ai dû le nettoyer longtemps. Pourtant, il n'a rien voulu des graines que je lui ai données et se laissait visiblement mourir. J'ai pensé que c'était le chagrin et qu'il finirait bien par oublier son maître et abandonner l'idée saugrenue de ne pas avaler ma nourriture. Le voilà, ton Baba. Je désespérais de le voir revenir à la vie au point que, d'ailleurs, je m'en séparerai volontiers si tu me règles les soins que je lui ai prodigués. Je n'en demanderai guère plus...

Abdoul était si heureux d'avoir retrouvé son perroquet qu'il ne chercha pas à compter son argent. Il remit tout ce qu'il avait au marchand, qui semblait comblé par cette générosité inattendue. La somme qu'il venait de recevoir pour ce perroquet malade qu'il croyait orphelin était une véritable aubaine. Sans le regarder, Abdoul revint de nouveau vers Baba et l'entoura affectueusement de ses bras. Il sortit de son sac un sachet de riz long cuit à la vapeur et du blé de la Beauce. Il les étala devant lui et laissa Baba se régaler pendant un bon quart d'heure. Lorsqu'il eut bu et mangé, Baba, ayant gonflé son plumage, se mit aussitôt à chanter malgré son état de faiblesse, un hommage qu'il n'accordait qu'à son maître et maintenant à Karibu, qui l'avait sauvé grâce à son flair. C'est pourquoi Baba n'arrêtait pas de remercier Abdoul et Karibu :

— Salam alaykoum, Abdoul ; Salam alaykoum, Karibu. Salam, salam, salam...

— Alaykoum as-salam, lui répondaient en chœur les deux amis en larmes.

Un concert de voix de perroquets leur parvenait de l'extérieur : « Rô, rô, rô. » Tous les perroquets étaient reconnaissants de l'issue heureuse qu'avait connue l'aventure rocambolesque de leur ami Baba.

Cette histoire de tonton Omar et du génie de la mer, cheikh Guenoun, souligne la valeur du travail. L'effort, le dépassement et la récompense sont les idées principales de ce conte merveilleux.

U n jour, alors qu'il était en train de pêcher en mer loin de la côte, assis dans sa vieille barque toute rafistolée et vermoulue, tonton Omar sentit son filet s'alourdir plus que d'habitude. Le fil était tendu à se rompre, et le flotteur ne cessait de danser de manière saccadée au-dessus de l'eau. De mémoire de pêcheur, on n'avait jamais vu de flotteur sautiller ainsi. Comme si quelqu'un voulait parler à tonton Omar. Ravi, et légèrement anxieux, tonton Omar tira vivement sur la ligne et ramena sa prise. Mais, au lieu de prendre un gros espadon comme il le pensait, son hameçon avait accroché la poignée d'un petit coffre rouillé. Son aspect extérieur n'était pas engageant. La vase qui le recouvrait indiquait qu'il devait se trouver là au fond des mers depuis plusieurs milliers d'années. Intrigué, le pêcheur prit un gros couteau à cran d'arrêt qui ne le quittait jamais et fit sauter le verrou. La manœuvre était très difficile, car le bois, imbibé d'eau et de vase, avait gonflé. L'objet était glissant comme une carpe et dur comme le ciment. Il ne voulait pas s'ouvrir ! Tonton Omar était un pêcheur têtu. Il disait toujours : « Aide-toi, Allah t'aidera » ou encore « La chance, il faut l'aider un peu. » Les autres pêcheurs préféraient dormir en hiver et jouer au domino durant l'été. Tonton Omar, lui, était persuadé qu'il y avait un trésor caché dans le travail, et qu'il fallait tout simplement creuser, bêcher, pêcher, acheter, vendre ou étudier, car la fin justifie les moyens. « Au bout du compte, disait-il, vous pourrez commencer à compter. » Il disait aussi : « On ne peut attendre d'être riche sans lever le petit doigt. » Il parlait comme un sage.

*

Mais tonton Omar ne savait pas encore que le coffre allait lui réserver bien des surprises. Il poursuivit son entreprise, tout en songeant qu'il allait peut-être mourir ou qu'un gaz contenu dans ce coffre pouvait l'étouffer, lui donner une maladie au visage.

Il eut l'idée de verser de l'eau chaude de sa théière sur la fissure avant du coffre. Et de lui-même, l'objet mystérieux s'ouvrit d'un coup. Tonton Omar constata que le coffre ne contenait ni trésor, ni soufre, ni gaz mortel, mais une épaisse fumée bleu nuit qui l'enveloppa aussitôt comme un gros nuage ou un sirocco. Elle s'éleva en boucles dans le ciel avant de disparaître comme aspirée par un trou géant. Tonton Omar était stupéfait. Il scruta le fond du coffre maintenant totalement ouvert, mais ne distingua que cette longue traînée bleuâtre qui semblait sortir du bois même pour se coaguler dans le ciel en un immense personnage monstrueux. Puis en deux, puis en trois. Était-ce Ormûz*, le grand génie des mers, dont on évoquait les méfaits ? Son nom seul faisait trembler les pêcheurs de toute la région, et chacun d'eux priait le ciel avant d'embarquer pour ne jamais le rencontrer. Tonton Omar aurait-il libéré de ses chaînes le terrible monstre marin ? Ce jour-là, malgré son courage et sa persévérance, tonton Omar revint chez lui sans avoir attrapé le moindre petit poisson. Déçu, il dut employer ce qu'il lui restait de force pour remonter la côte escarpée qui le conduisait au village. Et maintenant, il lui fallait bien raconter cette histoire à sa femme et à ses enfants. Qui le croirait ?

Lorsque Zayna*, sa femme, le vit revenir bredouille, elle fut surprise et dépitée. Visiblement son mari était fort chagriné lui aussi. Mais Zayna le connaissait bien. Elle sentit qu'il y avait une raison supérieure qu'Omar gardait pour lui. Zayna était la seule qui pouvait l'écouter sans rire ou se moquer de lui. Il prit son souffle, but longuement du lait de chamelle et se lança dans le récit de son aventure en commençant depuis le début. Après l'avoir écouté, Zayna fut d'accord avec lui : il ne fallait surtout pas révéler cette histoire, car les pêcheurs ne le croiraient pas. « Soit il a eu la berlue, diraient les pêcheurs du vieux café *La Citrouille*, soit ce tonton Omar est devenu un sacré bonimenteur, un farceur qui n'hésite pas à cacher sa mauvaise pêche en racontant une histoire à dormir debout ! » Non, personne ne le croirait. Comment pouvait-on sortir de l'eau un coffret ne contenant rien et, de plus, laissant échapper une épaisse fumée bleue qui s'était transformée en trois personnages, lesquels avaient aussitôt disparu dans le ciel ?

Zayna et tonton Omar n'en dirent mot à personne, pas même à leurs trois enfants qui dormaient dans la pièce du fond.

*

Plusieurs semaines après, alors que la nuit noire enveloppait soigneusement le village et que la pluie tombait depuis plusieurs jours, la famille du pêcheur commençait à manquer de nourriture. Aucun homme ne pouvait sortir par cette mer agitée. Il ne fallait pas tenir à la vie pour se risquer, même dans une crique des alentours. De toute façon, le poisson lui aussi était parti se réfugier dans d'autres fonds marins. À la maison, les enfants criaient famine. Tonton Omar et sa femme Zayna étaient bien embarrassés. Ils ne pouvaient demander de l'aide aux autres pêcheurs, souvent plus pauvres qu'eux, car ils n'avaient rien attrapé durant les beaux jours. Cette nuit-là, tandis que la mère couchait les enfants, qui n'avaient presque rien mangé, un grand coup ébranla la porte de la masure. On aurait dit un tremblement de terre ! Qui cela pouvait-il être ? La famille n'attendait personne. Mais, dans cette contrée, chacun pouvait aller chez son voisin sans se faire inviter. C'était l'usage. Tonton Omar alla ouvrir la porte, qui tenait à peine, et se trouva nez à nez avec un jeune homme fort beau accompagné de deux gracieuses demoiselles. Ils étaient tous extrêmement bien habillés, si bien habillés qu'Omar se frotta les yeux pour vérifier qu'ils étaient bien réels.

— Êtes-vous celui que l'on appelle tonton Omar, le pêcheur, celui qui travaille sans cesse et qui parfois ne trouve rien ? demanda d'un ton très assuré le jeune homme.

— Oui... oui... bredouilla tonton Omar, de manière presque inaudible. Qu'ai-je donc fait de mal, jeune étranger ?

— C'est bien vous qui avez découvert le coffre dans les fonds marins et qui l'avez rapporté vide dans votre maison ?

— En effet, de quoi s'agit-il exactement ? Vous me faites peur, murmura encore tonton Omar. N'êtes-vous pas le monstre Ormûz que j'ai libéré de sa prison sous-marine ?

La question ne semblait pas effleurer Fils du Sultan, car tel était son nom – Wald as-Sultan, disent les Arabes. Son visage était resté impassible.

— Voici le coffre, lui répondit le jeune homme, sans attendre la fin de la complainte du pêcheur. Il est plein à ras bord du trésor que j'ai récupéré dans le palais de mon père, car le monstre marin que vous avez libéré n'est rien d'autre que mon ange gardien. Or, sitôt libéré, il est venu me délivrer, ainsi que mes sœurs que voici, Jihane et Mordjane, du cachot dans lequel nous étions depuis la mort de notre regretté père, le grand cheikh Guenoun. Cheikh Guenoun – que Dieu ait son âme – était le chef de la confrérie des Guenouniya, très implantée dans le triangle Collo, Mila, El-Harouch, et qui nous avait légué une immense fortune. C'était un grand sage. Devenu riche par la bénédiction d'Allah, il partageait ses biens entre tous les nécessiteux. Peu à peu, sa maison est devenue une sorte d'hospice de vieux grabataires et une clinique pour les maladies incurables. Les lépreux et les paralytiques dormaient sur des lits de fortune autour de la propriété. Tous les hammams* de la ville de ce saint homme étaient pris d'assaut, et l'on devait réserver très tôt à l'avance pour espérer y trouver une place. Il prenait aussi en charge l'éducation des orphelins, et quand les enfants étaient trop grands pour aller à l'école, il leur trouvait un emploi en les envoyant chez ses amis. Les femmes enceintes comme les femmes stériles, les hommes impuissants, les célibataires, les commerçants ruinés venaient lui demander conseil. Parfois, il lui suffisait de passer sa main sur eux pour qu'ils retrouvent une vigueur nouvelle, un allant ou une détermination qu'ils croyaient éteinte. À cette époque, cheikh Guenoun pouvait faire et défaire les rois. Un seul mot de lui et voilà qu'une révolution était en marche, la terre tremblait en écoutant ses oracles. Mais cheikh Guenoun était un sage inspiré par Allah. Et son djinn* personnel était d'une grande bonté. Il ne faisait de mal à personne. Pourtant, le sinistre Ankabût*, potentat mal aimé de son peuple, a nourri une jalousie féroce à l'égard de cheikh Guenoun. Il était fort et puissant grâce à son imposante milice, armée jusqu'aux dents ; cheikh Guenoun, lui, n'avait pas même une arme blanche dans sa demeure. Sa puissance était ailleurs.

Sa puissance s'appelait l'amour. Le combat au sommet était inévitable, non pas qu'il fût désiré par notre regretté père, mais plus son influence sur les gens grandissait plus Ankabût le détestait, car il savait qu'aucune décision ne serait acceptée si elle n'était pas parrainée par cheikh Guenoun. Ankabût voulut par différents procédés entraîner dans sa vanité humaine notre père, le soudoyer, le corrompre, mais cheikh Guenoun refusa toutes les tentations que les émissaires lui faisaient miroiter : gouverner la moitié de la province, épouser les plus belles femmes, construire sa maison sur la colline dominant la ville, étendre son domaine. Tous ces appels le laissaient froid. Mieux, il redoublait de persévérance et d'humilité. Son occupation essentielle était la lecture du Coran. Il en tirait toujours une sagesse nouvelle, un désir de mieux faire et de s'améliorer. C'était véritablement un saint. Un jour, on l'a trouvé mort dans son lit. Le Livre sacré était ouvert à la sourate 24. Il devait être en train de lire le verset de la lumière, un verset mystérieux que tous les savants musulmans n'ont pas encore réussi à interpréter. Ce verset est sans doute le secret de sa fortune. Nous avons essayé de comprendre son dernier message et de suivre son enseignement. Nous avons cherché à localiser tous les lieux symbolisés par ce verset : « Allah est la lumière des cieux et de la terre. Sa lumière sourd d'une cavité dans laquelle se trouve un luminaire. Ce luminaire est placé dans un globe de verre. Le globe paraît une planète de feu qui brille depuis l'intérieur d'un arbre béni. Cet arbre est un olivier qui n'est ni du Levant ni du Couchant*. Son huile semble s'illuminer sans qu'aucune flamme ne la touche. Lumière sur lumière, Allah oriente qui Il veut vers Lui. Ce faisant, il donne des énigmes aux hommes pour qu'ils puissent comprendre[1]. » Nous avons découvert que c'était son testament. Les croyants sont ceux qui suivent le bon chemin. Ils cherchent la réponse à leurs questions dans le Livre sacré, qui est la seule « lumière ». Ce Coran brille de l'intérieur, car il contient toute la science dont on a besoin ici-bas. Il est fait dans du bois et de la résine, l'encre du calligraphe venant d'arbres bénis. Le mot flamme signifie que le sens en est tressé dans les versets. Arrivés à ce stade de la compréhension, nous étions dans une impasse. Que veut dire « Lumière sur lumière » ? Car toutes les énigmes sont maintenant devant nous sans que nous trouvions le lien qui les unit toutes. Or, ce lien est dans le support que cheikh Guenoun utilisait pour poser le Coran ouvert, un trépied ajouré creusé dans un bois dur d'olivier. L'olivier vient du Djurdjura. Et notre père, assis en tailleur, a passé la moitié de sa vie à lire et méditer le Coran. Personne n'a jamais osé s'approcher

1. Coran, XXIV, 35.

du feu sacré que constituait son porte-coran. Sous la première lumière se trouvait un trésor immense. Il venait bien de la cavité d'un arbre qui n'était ni d'Orient ni d'Occident, mais d'ici même. Cette cavité était tapissée d'or et de lapis-lazuli. Elle brillait de tous ses feux, et c'est ainsi que nous découvrîmes le trésor de cheikh Guenoun. Nous avons converti notre trésor en or et en argent et nous vous donnons ce qui vous revient en récompense de votre travail et de votre bonne foi. Ce trésor vous appartient de droit. Utilisez-le comme bon vous semble, car au fond de chaque geste juste il y a la persévérance et le travail d'un homme honnête comme vous. Tonton Omar, vous êtes le prix de notre affranchissement. Vous nous avez redonné notre liberté. Fasse Dieu que vous soyez libéré du fardeau de la misère, ainsi que votre famille.

*

Tonton Omar n'eut pas le temps d'exprimer son étonnement et son bonheur de devenir ainsi riche au plus mauvais moment de la saison : le jeune homme avait déjà tourné les talons et s'en alla comme il était venu. Ses sœurs n'avaient prononcé aucun mot, même si leurs yeux n'avaient pas quitté le visage de tonton Omar, qui était rouge de confusion. Leur silence était un ornement. Et leur intelligence vive se lisait à chaque battement de cils. Tonton Omar se tourna vivement vers Zayna et ses six enfants. Ils éclatèrent tous d'un rire tonitruant. Ils se mirent à chanter et à danser. Leur calvaire était terminé. Intrigués par ces bruits nouveaux, les voisins ne tardèrent pas à se présenter à la porte, puis ce fut au tour des autres pêcheurs de venir aux nouvelles. Enfin, c'est tout le village qui put retrouver le sourire, car tonton Omar le pêcheur était aussi généreux que travailleur. C'était bien là l'un de ses secrets : « La chance ne vient qu'avec l'effort », disait-il toujours. « Aucune chance ne se produit sans qu'il y ait un effort au préalable », ajoutèrent ses nouveaux amis, qui le connaissaient fort bien. On alluma un feu de joie qui dura toute la nuit.

Sinbad le marin et le géant farceur

Personnage fameux des Mille et Une Nuits, *Sindbad symbolise aux yeux des Arabes le goût du voyage et de la découverte dans un univers hostile et inquiétant. J'ai choisi ce personnage pour sa réputation de marin intrépide, extrêmement louée par les usages populaires. L'islam insiste beaucoup sur le fait d'aller quérir science et savoir partout dans le monde, y compris en Chine, c'est-à-dire très loin, ce que Sindbad a fait.*

S indbad était un grand marin arabe. Étant sans enfants et presque sans famille, il put affronter les mers et les océans en toute liberté. Les habitants du sultanat d'Oman racontent qu'il est né sur la côte orientale de leur pays, au sud de Mascate. Personne n'est certes en mesure de confirmer la date de sa naissance, ni celle de sa mort, mais aujourd'hui encore les habitants de Sour lui vouent un culte extrêmement vivace. Des fêtes saisonnières lui sont dédiées et un musée en son honneur est en construction. Sindbad fut aussi un armateur, un marchand, un voyageur hors pair et un conteur. De ses voyages riches en aventures dans l'océan Indien, il nous a ramené des histoires extraordinaires qui font partie des contes des *Mille et Une Nuits :* beaucoup d'enfants les ont lus avec délectation et des cinéastes les ont adaptés à l'écran. Cet homme haut en couleur est peut-être une légende, car ses récits sont si fantastiques qu'il nous arrive, aujourd'hui encore, d'en douter. Mais les Arabes ont une sagesse à nulle autre pareille : ce qui n'est pas certain est douteux, ce qui est douteux est suspect, ce qui est suspect est criminel, ce qui est criminel doit être jugé. Or, la tradition juge positivement Sindbad, les vieux sages lui parlent comme à un confident, les marins le respectent, les étrangers lui demandent secours, les animaux le reconnaissent. Sindbad est une légende, de celles qui vivent longtemps dans le cœur des grands et des petits.

*

Un jour, Sindbad le Marin décida de franchir l'océan, car la pêche côtière à laquelle il se livrait depuis son enfance et qui était aussi l'activité de ses parents, de ses grands-parents, de ses bisaïeuls et de ses trisaïeuls, devenait de plus en plus pauvre. Désormais, le poisson fuyait les villages de pêcheurs, leur préférant les vastes mers. Sindbad avait beaucoup réfléchi. Il avait demandé à sa mémoire de se rappeler les variétés de poissons que ses parents pêchaient. Il avait remarqué que les thons bleus et luisants ne venaient plus dans les filets, ni les gros rougets, ni les araignées géantes, ni les requins blancs. Il était inquiet pour son village. Jeune homme responsable, il ne pouvait rester les bras croisés. Quel sort pénible pour celui qui doit subir l'attente sans broncher ! Lui, le jeune Sindbad, s'ennuyait. Il voulait découvrir les pays lointains, connaître leurs coutumes, apprendre leurs langues et partager leur nourriture... Sindbad voulait les connaître tous, sans exception. C'était un jeune homme curieux et sage à la fois, deux qualités nécessaires pour un marin intrépide comme lui. Il savait voir de loin les lieux poissonneux, les récifs, les côtes dangereuses.

Arriva le jour où Sindbad annonça son prochain départ. Aucun villageois ne fut surpris par cette décision, pas même sa mère qui le chérissait tant. Quant aux anciens pêcheurs, ils attendaient avec impatience le moment où leur jeune émule allait relever le défi. Il prépara aussitôt son voyage. Il faut battre le fer tant qu'il est chaud, dit le proverbe. C'est pourquoi Sindbad ne cessa de courir de-ci, de-là jusqu'à ce que son bateau prenne la mer. Ne fallait-il pas recruter un bon équipage, acheter des provisions en quantité suffisante, faire des réserves d'eau et pour cela vérifier les outres, compter les jours, établir une route maritime, tester le bateau, tendre les voiles ? Sur les quais, l'ambiance devenait fébrile. Chacun s'affairait, l'air concentré. L'heure était grave. Sindbad était sur le point de larguer les amarres. Cap sur l'est, toute !

Plusieurs jours durant, la navigation fut tranquille, presque trop morne pour l'étendue que le capitaine voulait franchir. Mais au cinquième jour, alors que l'équipage s'était habitué à ce rythme paisible, le vent du nord, d'ordinaire si régulier, se transforma en une véritable tornade. Une tempête en mer n'est jamais du goût du capitaine, surtout lorsque son embarcation ressemble plus à un rafiot qu'à un vrai chalutier. Le bateau se mit à tanguer, tandis que les flots bouillonnaient et que les rouleaux chantaient un mauvais présage.

En moins d'une heure, le navire, dont tous les villageois étaient si fiers, semblait disparaître dans le creux des vagues – il faudrait plutôt dire des montagnes d'eau – ballotté de toutes parts. Le barreur avait les plus grandes difficultés à diriger le bateau. Son gouvernail était tiré à hue et à dia. « Est-ce donc cela le Déluge ? » Bien que d'apparence très calme, Sindbad, au fond de lui, était plutôt inquiet. Cette tempête lui faisait craindre le pire.

Il récita intérieurement un verset coranique que les marins connaissent par cœur : celui de Noé et de son vaisseau. Dans le Coran, Noé ordonne à la mer de se retirer. Ce prophète disait ce que Sindbad aurait aimé qu'elle fît : « Terre, absorbe ton eau ; ciel, arrête ton déluge. L'eau s'enfonça. L'aventure était close. Le vaisseau s'équilibra sur le mont Djudi. » Imperceptiblement, la panique s'empara des matelots. Après avoir prié le ciel avec ferveur, tout en réparant les avaries les unes après les autres, Sindbad eut la joie de constater que le cheval fougueux qu'était devenu l'océan Indien commençait à s'apaiser. En quelques minutes, un calme profond s'abattit sur eux. La nuit noire qui les recouvrait se dissipa à son tour. Le ciel se dégagea enfin du voile épais qui l'obscurcissait depuis le début du sixième jour, et les constellations d'Orion, de Cassiopée, de la Petite Ourse, ainsi que l'étoile du Berger et l'étoile polaire se mirent à briller de tout leur éclat. Un grand soulagement s'empara des marins, qui se laissèrent dériver au gré des flots. Le bateau n'avait plus ni mât ni voilure.

*

Tout d'un coup, comme sorti du néant, un cirque immense, une sorte d'amphithéâtre s'avança vers l'embarcation de Sindbad et, par une puissance extraordinaire, l'attira dans ses profondeurs. L'équipage eut la grande surprise de se retrouver au milieu d'une crique bordée de grandes murailles, un orbe marin aux dimensions surhumaines. Le silence était tel que tous prirent peur. Seul le vent sifflait sur les immenses parois, et chaque morceau de terre ou de roche qui tombait dans l'eau épaisse faisait un bruit assourdissant. La situation était des plus hasardeuses, l'embarcation, poussée par un vent arrière auquel nul être humain ne pouvait résister, allait tôt ou tard s'échouer contre une excavation de roche noire. Sindbad et sa vigie s'aperçurent à la dernière minute que le choc était imminent. Tel Ulysse et son navire fou, le capitaine sut lancer à temps de brèves instructions à son équipage. Celui-ci était à la manœuvre et le naufrage se passa en douceur.

Le lieu était sombre et humide. Il paraissait abandonné, car les cris des marins affolés ne rencontrèrent aucun écho. Peu à peu, les naufragés s'habituèrent à la pénombre et constatèrent, à leur grand dépit, qu'il s'agissait d'un cimetière marin. Était-ce là des squelettes de grands squales venus mourir de vieillesse ou bien le repaire d'un dragon gigantesque qui se repaissait de chair fraîche et rejetait les ossements ? La frayeur grandissait au point qu'aucun des hommes ne voulut franchir les quelques mètres qui les séparaient du bord. Pourtant, il fallait bien qu'ils se restaurent et reprennent des forces. En outre, les voiles déchiquetées par les vents furieux avaient besoin d'être réparées. Dans le métier de marin, celui qui n'a pas en tête un futur départ meurt sur son bateau.

Tous les compagnons venaient enfin de poser pied à terre lorsqu'une voix immense les interpella du fond de la caverne.

— Bienvenue sur les terres du Vieux Sage, déclama-t-elle. Ha ! Ha ! Ha !

Figés par la peur, les marins s'étaient immobilisés. Au bout d'un certain temps, ils discernèrent un géant qui les attendait sur une sorte de fauteuil creusé à même la roche. Sa longue barbe blanche indiquait qu'il était très âgé. Mais ses traits étaient en partie cachés sous des poils hirsutes.

Ha ! Ha ! Ha ! Le rire du maître des lieux résonnait encore dans leurs oreilles. Mais était-ce un rire ou un ricanement ? Un rire de surprise ou de colère ?

— Vous êtes transis de froid et vous avez peur, à ce que je vois. N'ayez aucune crainte, j'ai l'habitude, hélas, de recevoir des visiteurs à chaque tempête, car le seul endroit à dix mille lieues à la ronde où les voyageurs peuvent se reposer, c'est bien dans ma modeste crique.

— Que pouvons-nous faire pour mériter votre indulgence, demanda Sindbad, maîtrisant le ton de sa voix pour qu'il paraisse le plus normal possible.

— Je suppose que tu es Sindbad le Marin. Ta réputation t'a précédé ici depuis des lustres, et j'attendais le moment opportun pour faire ta connaissance. Ainsi donc, tu es le plus savant, le plus chevronné et le plus méritant de tous les voyageurs d'aujourd'hui. Ici, cependant, il te faut gagner ta liberté. Et celle de tes hommes. Pour cela, tu devras répondre à sept énigmes que je vais t'exposer. Selon la nature de tes réponses et des résultats, tu pourras quitter mon antre plus ou moins vite. Si tu n'arrives pas à répondre, et si tu tentes de fuir, sache que mon armée de djinns te poursuivra jusqu'aux confins de la terre. Beaucoup de voyageurs téméraires l'ont payé de leur vie.

— Quelles sont tes énigmes ? demanda Sindbad, agréablement surpris par un si curieux marché.

*

Sindbad n'était pas en mesure de discuter l'étrange pacte que son hôte lui proposait. Il avait donc acquiescé sans rechigner, espérant toutefois pouvoir s'en sortir. Il aimait beaucoup ce genre de devinette que les adultes se racontaient durant les longues nuits où la mer les empêchait de quitter terre.

Le Géant claqua des doigts, et un scribe tout menu, couvert d'une cape rouge sang, s'afficha à ses côtés, comme suintant de la paroi. Il était léger comme un fil et diaphane comme un tissu de soie de Chine. Tout en lui respirait la cire et le renfermé.

Il commença à lire d'une voix sublunaire, une voix d'outre-tombe :

— Voici la première énigme : Son nom commence par L. Son état change beaucoup. Naît de lui une fille blanche et tendre, qui lui est aussitôt enlevée. Qui est-ce ?

— Le lait, répondit spontanément Sindbad.

— Voici la deuxième : Elle bout sans cuire. Il grandit sans vieillir. Il plie sans se tordre. Qui sont-ils ?

— L'eau, le corbeau, dont les plumes ne blanchissent jamais, et le serpent.

— Voici la troisième : La belle est née de race noble. Elle court dans son propre sillage. Elle est passée devant une noce. Personne n'a su quel était son lignage. Qui est-ce ?

— Le musc.

— Voici la quatrième : Ses dents sont dans son ventre. Son dos est courbé. On la tient par son unique jambe. Elle travaille tête baissée et recrache ce qu'elle avale. Qui est-ce ?

— La faux.

— Voici la cinquième : Elle est habillée comme une reine. Mais pour être appréciée, on jette son or et on garde son argent.

— L'orange et sa pelure.

— Voici la sixième : Fenêtre sur fenêtre et les yeux remplis. Sa douceur est dans son ventre, mais il faut la presser pour qu'elle se livre.

— Le miel dans les alvéoles de la ruche.

— Voici la septième : Elle marche sans pieds, respire sans poumons, creuse sans fin, tue sans armes, engloutit l'étourdi.

— La mer.

Après avoir donné cette septième réponse, Sindbad n'était pas entièrement rassuré. Qu'allait penser le Géant de son piège ? Cet échec n'allait-il pas le mettre en colère et réduire sa mansuétude à néant ?

L'équipage retint son souffle, mi-soulagé, mi-anxieux. Qu'allait-il advenir maintenant ? Au bout de quelques secondes, le Géant sortit de son effrayant silence.

— Sindbad, je te savais rusé, mais point instruit. Par ces réponses, tu as fait preuve de sagesse. Et un homme sage doit être libre. Sindbad, la liberté vous attend, toi et ton équipage. Usez-en comme bon vous semble, je retourne me coucher. Je vis dans une contrée que Morphée se refuse à visiter. Je suis ainsi éveillé des heures et des heures, le sommeil m'ayant quitté depuis longtemps. Peut-être le retrouverai-je grâce à vous. Vous me libérerez d'un gros fardeau. Au revoir, amis navigateurs, et prenez garde aux lieux où vous accosterez...

Une fois que le Géant eut tourné les talons en ricanant, Sindbad ne put s'empêcher de grommeler :

— Pauvre Géant farceur, te voilà bien vieux et sans mémoire ! Ce sont les mêmes questions que tu as posées à mon père et avant lui à mon grand-père... Penses-tu, les réponses, je les ai récitées sans même réfléchir !

Abraham

On doit à Abraham (Ibrahim al-Khalil) l'origine des rites du pèlerinage musulman – en particulier grâce à la reconstruction du temple de la Kaaba –, la circoncision et le rapprochement entre Sémites. Dans le Coran, l'épopée du Patriarche est rapportée dans vingt-cinq chapitres, où plus de cent versets lui sont consacrés.

Les musulmans tiennent Abraham pour un grand prophète. Un prophète sans Livre sacré, mais dont l'enseignement et la conduite sont un modèle pour tous. Prophète parmi les prophètes, ni chrétien ni juif, Abraham est considéré comme leur ancêtre commun : c'est un patriarche. Il jouissait de tous les attributs propres aux patriarches : une longue barbe blanche, une haute stature, une tunique blanche et des mains calleuses. Ah, si vous aviez vu les mains d'Abraham ! Il était capable de vous saisir par le cou et de vous porter à plusieurs dizaines de mètres de là. Cet homme était doué d'une puissance surhumaine. Les Arabes l'appellent affectueusement Ibrahim al-Khalil, « Abraham l'Ami, le Confident ».

Ce jour-là, il pleuvait des trombes. Assis devant sa tente, plantée depuis longtemps au sommet d'un tertre, Abraham méditait sur sa vie. Sa vie avait été longue et difficile. Et il ne cessait de travailler dans les champs, saison après saison. Il creusait des puits pour arroser les arbres fruitiers du jardin familial, en bas de chez lui, près du fleuve du pays d'Ur, lieu de sa naissance. Abraham était soucieux. Sa femme Sarah était admirable de courage et de bonté, mais un voile de tristesse barrait son front.

Il la regarda derrière la tenture de la tente. Elle chantonnait un air familier, c'était celui de sa propre mère, morte depuis longtemps. Mais il sentit que cette voix n'était pas exactement la sienne. Comme la voix de quelqu'un d'autre. Ce n'était pas l'éclat cristallin qu'il lui connaissait, surtout au moment où ils se marièrent, il y avait de cela un demi-siècle déjà.

Après la pluie, le vent violent s'installa dans la vallée. Il emporta tout sur son passage, mais ne chassa pas les soucis d'Abraham, qui trouvait là une confirmation à son trouble intérieur. Comme tous les êtres humains de ces âges anciens, Abraham était superstitieux. Il lisait dans les éléments de la nature les bons et les mauvais présages comme on le fait aujourd'hui dans ce livre.

*

Abraham était marié à la très belle Sarah, une femme puissante et mystérieuse. Tous les deux étaient sémites. Or Sarah était stérile, telle était la fatalité du couple. Abraham aimait son épouse plus que tout, mais sa stérilité le remplissait de tristesse. À ce stade, son avenir de patriarche était compromis. Comment faire pour avoir un enfant, mâle si possible, pour lui transmettre toute la connaissance accumulée depuis tant d'années, la sienne propre et celle de son père, lequel avait déjà engrangé du savoir venant de leurs aïeux ? D'après la tradition, en effet, seul l'enfant mâle pouvait hériter des biens de son père, comme son père l'avait déjà fait par le passé. La fille était destinée à d'autres fonctions sociales, et l'histoire de Sarah, l'épouse légitime d'Abraham, en est un bon exemple. Cette histoire se passait mille huit cents ans avant Jésus-Christ, c'est-à-dire il y a près de quatre mille ans. C'est le livre de la Genèse (chapitres 12 à 50) qui la raconte, et à sa suite tous les livres sacrés des grandes religions.

— Il faut par tous les moyens entretenir les usages, dit Sarah à Abraham, car, souvent, le neuf se mélange à l'ancien, et l'on perd et le neuf et l'ancien.

Pour ne pas laisser son héritage partir en déshérence[1], Abraham, déjà très âgé, devait donc avoir un enfant mâle, un héritier légitime. Son visage se creusait chaque jour davantage.

Depuis déjà plusieurs décennies qu'ils étaient mariés, Abraham ne cessait de parler au Seigneur. Étant le Père des nations, il l'invoquait dans toutes les langues de la terre. Il lui tressait des offrandes, posait des stèles, honorait les ancêtres en son nom. Il lui envoyait de vibrantes homélies, faisait l'éloge de sa puissance et rappelait aux habitants des cités d'Ur, de Sichem, de Béthel, tous païens, sans foi ni loi, ce qu'était le Seigneur. Rien n'y faisait. Le couple était stérile et nul ne savait d'où venait cette calamité. Pourtant, malgré son désespoir, Abraham n'avait jamais perdu la foi, car le Seigneur lui avait dit que sa descendance serait aussi nombreuse que les étoiles du ciel. Comment Dieu se tromperait-il ?

Un jour que le patriarche fourbu revenait des champs où il avait creusé la terre et semé en abondance, Sarah eut une idée de génie. Elle se posta devant la porte, prête à livrer son secret. Aussitôt qu'il la vit, Abraham comprit qu'un événement

1. Absence d'héritiers pour recueillir une succession.

important s'était produit en son absence. Une fois son mari débarrassé de son large chapeau de paille et de sa tunique et confortablement installé sur un sofa en face d'elle, Sarah, sans plus attendre, lui demanda fortement de prendre pour concubine Hagar, son esclave égyptienne.

— Ah, voilà la solution à laquelle je n'avais pas pensé ! s'exclama Abraham.

— Oui, poursuivit Sarah, fière d'avoir trouvé le moyen de dissiper la tristesse de son époux.

Elle aimait tant son sourire qui illuminait son visage et faisait frissonner les poils de sa barbe. C'est ainsi qu'elle l'avait connu, naguère, alors qu'ils se croisaient régulièrement sur le chemin du puits.

Sarah se plaça devant Abraham et lui dit :

— Mon époux, l'homme que je chéris le plus au monde, fera à sa concubine un enfant que nous adopterons comme notre propre fils. La lignée sera sauve, et il aura beaucoup de petits-enfants ; il deviendra patriarche, il n'aura pas honte lorsqu'il paraîtra devant les autres hommes de la cité.

Sarah ne manquait pas d'arguments. Elle savait être persuasive. En ce temps-là, il était possible pour une bonne épouse d'offrir son esclave à son mari afin de lui assurer une descendance. Contraint par la nécessité d'avoir un enfant et malgré son amour exclusif envers Sarah, Abraham dut accepter l'offre.

L'union eut lieu la nuit même. Par chance, Hagar était prête à cet office qui la ferait passer du rang d'esclave à celui de mère de l'enfant. Épouse, elle ne le serait guère selon les règles du droit ancien, mais elle pourrait se glorifier d'avoir reçu la semence du maître et de l'avoir enrichie de sa propre semence. Un miracle pour une concubine !

*

Quelques semaines s'écoulèrent. Déjà, la mère porteuse commençait à sentir ses flancs se transformer. Elle avait des nausées et son visage ressemblait maintenant à un four de boulanger tant il était gonflé de sang. On fit venir le devin qui donna son oracle. Tout se passerait bien ! La sage-femme surveilla le pouls de la parturiente et déclara que l'événement était proche. Elle vit la sueur sur le front de Hagar et se dit que cette nuit-là serait la bonne. Même la vieille aveugle qui avait enfanté vingt-six garçons voulut tâter de sa main la belle promesse qui poussait dans le corps de la nouvelle bru.

— Il n'y a aucun doute, dit-elle sentencieusement, c'est un garçon et il se porte bien.

La nouvelle se répandit aussitôt comme une traînée de poudre et atteignit les confins du Pays de Canaan, la terre d'Abraham.

— Notre maître Abraham va être père ! Notre maître Abraham va être père !

C'était si extraordinaire que la plupart des mégères, qui ne cessaient de critiquer tout le monde et maudissaient sans raison le moindre changement dans la tribu, ne trouvèrent rien à redire.

— Il fallait bien que cela arrive un jour à force de changer de couche, marmonna cependant l'une d'elles, mauvaise.

Maintenant, le ventre de Hagar était bien rond, et chacun cherchait à lui rendre tous les menus services qu'une personne dans sa situation espérait trouver auprès des siens. Même Sarah, l'épouse légitime, éprouvait une joie inattendue, presque surnaturelle.

— Que se passe-t-il ? dit Sarah tout haut devant son mari. C'était moi qui devais enfanter, et voilà que je deviens nerveuse à mesure que mon esclave prend de l'embonpoint. Très étrange, conclut-elle.

— Après tout, c'est bien de notre fils qu'il s'agit, renchérit Abraham.

Car le plus fier de tous était bien lui, Abraham. Sa poitrine semblait démesurée. Son dos se redressait, ses mains étaient plus fortes. Chaque matin, il aspirait un volume considérable de l'air qui remontait de la vallée. L'horizon s'était ouvert soudain et il voyait là le résultat de sa pénitence.

— Plusieurs années à attendre, sans résultat, et tout à coup l'espoir qui devait venir par la porte s'est présenté par la fenêtre.

Toutes les fenêtres de toutes les maisons voisines et lointaines firent claquer leurs volets pour saluer cet événement. Un bruit assourdissant saluait l'enfant qui allait naître, déjà on accourait au chevet de Hagar. On campait dans les alentours, on allumait des feux de camp. L'air était à la joie et la fête était quasiment commencée.

Un frisson de bonheur sans nom traversa la paisible cité lorsque le cri du nouveau-né expulsé sans peine par sa maman enveloppa la masure.

— Allumez vos bougies, dit la bonne vieille aveugle qui pourtant ne verrait rien, allumez vos bougies ; à la chaleur de chacune d'elles, mon cœur vibrera plus vite.

Ismaël était né. Beau, comment pouvait-il en être autrement ? L'enfant est roi dans tout l'Orient, mais celui-ci était l'enfant d'Abraham. Hagar dit : « Il sera prophète comme son père ! »

*

Quelques années s'écoulèrent. Hagar s'était remise de sa couche miraculeuse et la vie ordinaire avait repris doucement dans le foyer d'Abraham. Situation fort étrange que ce trio de deux femmes et d'un homme, avec un enfant. Abraham aimait toujours Sarah d'un amour indéfectible et il voyait bien, lui, qu'elle était secrètement malheureuse de ne pas l'avoir comblé d'un ou de plusieurs enfants. Le sort en avait voulu autrement. Hagar n'était pas heureuse non plus. Certes, elle était la mère de l'enfant d'Abraham, ce qui lui avait rendu sa liberté, mais elle savait que son statut ne lui donnait aucun droit sur ce fils. Tels étaient les accords passés avec l'épouse légitime et il était impensable que l'on changeât les règles en cours de route. La honte et le déshonneur s'abattraient sans merci sur celui qui oserait défier la loi naturelle. Enfin, bigame sans l'avoir voulu, ayant épousé l'une des deux femmes et ayant fécondé la seconde, Abraham n'était pas non plus au mieux. Au fond, l'équilibre du foyer était de nouveau instable, et chaque cri d'Ismaël, qui gambadait devant la maison, réveillait la blessure de chacun de ses parents.

Bientôt, Dieu annonça à Abraham la naissance d'un enfant qui porterait le nom d'Isaac. Il l'aurait de Sarah, son épouse légitime. Isaac naîtrait miraculeusement ! Mais, avant cela, Abraham et Sarah devaient changer de nom. À cette époque, ils s'appelaient en fait Abram et Saraï. Désormais, ils porteraient les noms que nous leur connaissons encore, c'est-à-dire Abraham, « le Père des nations », et Sarah,

« la Princesse ». Autre condition : il faudrait circoncire les enfants mâles afin de perpétuer la marque de la tribu et transmettre l'héritage du clan aux générations à venir ! Tel était le pacte que Dieu passa avec son disciple.

Bel enfant et prince incontesté, Isaac devint la joie du Pays de Canaan. Il fut circoncis quelques jours seulement après sa naissance. La ferveur dans le clan d'Abraham était à son comble, on ne cessait de remercier le Seigneur en allumant des cierges et en faisant des offrandes aux pauvres qui affluaient vers la colline. Sur ces entrefaites, Sarah, devenue mère, n'eut plus besoin de son ancienne esclave et elle la chassa du toit paternel, avec son fils Ismaël, déjà grand. Celle-ci prit ses effets sous le bras et quitta la Cité sans savoir où aller. Bien que partagé entre ses différents amours, l'un légitime, pour Sarah, l'autre illégitime, mais nécessaire, pour Hagar, Abraham laissa faire. Une telle décision le troublait profondément, car aucun homme ne se sépare de son fils sans en être affecté. Mais la nécessité et l'ordre étaient plus puissants que lui. Sarah avait tant attendu ce moment où elle serait mère à part entière, qu'Abraham voulut satisfaire son épouse, complaire à Dieu et respecter les règles de bienséance.

Isaac grandissait vite. C'était maintenant un très beau jeune homme de treize ans. Dieu voulut éprouver à nouveau la foi d'Abraham, le mettre à l'épreuve.

Il lui demanda d'immoler, sur une roche, son propre fils Isaac, son enfant bien-aimé.

« Sarah deviendra folle, pensa aussitôt Abraham, mais c'est Dieu qui donne la vie et c'est Dieu qui l'enlève. »

Il prit son couteau le mieux aiguisé, conduisit Isaac à l'endroit désigné et lui fit poser le cou à même la roche. Au moment où il était décidé à l'immoler selon la coutume du pays, un ange magnifique lui apparut. Il lui fit signe d'arrêter son geste fatal en lui désignant un mouton bien gras nourri au ciel.

— Le Seigneur est très satisfait de toi, Abraham. Voici, en récompense de ton geste, ce mouton sacrificiel qui sera offert à ton peuple.

Isaac vivrait. Il réaliserait la promesse que Dieu avait faite naguère à Abraham : il aurait bien une descendance aussi nombreuse que les étoiles du ciel.

*

Qu'était devenue Hagar ? Les musulmans croient que Dieu l'a transportée du Pays de Canaan jusqu'à La Mecque, en Arabie, c'est-à-dire à plus de mille kilomètres au sud.

Hélas, dans ces régions, le soleil frappait dur et l'eau manquait partout. Il n'y avait pas de sources jaillissantes comme au nord, pas de lacs, pas de rivières, ni de chutes de pluie impromptues, ni la fonte des neiges, que l'on percevait au loin sur les cimes. Ici, tout était rocailleux, sec, sans vie. Ismaël avait soif. Il peinait à respirer. Sa mère était inquiète. Malgré leur voyage céleste, il lui fallait pourvoir au plus pressé : trouver de l'eau pour son enfant. Elle courait là, puis là-bas, revenait sur ses pas. Son trajet la poussait de Safa à Marwa, deux lieux-dits des environs de La Mecque. Or, Dieu l'observait de là-haut et ne la quittait pas des yeux, tandis qu'une escouade d'anges attendait le moindre geste du Seigneur pour agir au plus vite.

Hagar, qu'on appelait maintenant Hajar (« l'Exilée » ou « l'Émigrée »), était décontenancée à la vue d'Ismaël, qui était près de s'évanouir. Elle devenait folle à son tour.

« Il faut trouver de l'eau coûte que coûte », se disait-elle sans arrêt.

— Frappe du pied, tu auras de l'eau en abondance. Tu pourras y boire et te laver, lui souffla un ange à l'oreille.

C'est ce qu'on lit dans le Coran à propos de Job, qui fit appel à Dieu alors qu'il était l'objet de la séduction du démon : « Frappe du pied, voici une eau fraîche pour te laver, et pour y boire[1]. »

Pourquoi Hajar ne ferait-elle pas ce que Dieu avait prescrit à Job ? Elle frappa donc le sol de son

1. Coran, XXXVIII, 42.

talon. Aussitôt une source fraîche jaillit et l'envahit de sa puissance. Elle n'en revenait pas. Pourtant, l'eau qu'elle avait tant cherchée était bien là, comme une cataracte. Elle put donner à boire à son fils, se désaltérer, se baigner. Elle fut sauvée, selon ce qui était écrit dans le livre des miracles.

*

La course de Hajar entre Safa et Marwa est aujourd'hui l'une des étapes du pèlerinage à La Mecque. L'eau que Hajar a fait jaillir sous ses pieds s'appelle « eau de Zamzam* ».

Chaque année, les musulmans commémorent le geste d'Abraham en sacrifiant un mouton.

Selon la tradition de l'islam, le patriarche Abraham et son fils aîné Ismaël ont reconstruit la Kaaba, le temple sacré de La Mecque. Abraham a ainsi poursuivi l'œuvre d'Adam qui avait planté là sa tente lorsqu'il fut chassé de l'Éden céleste par Dieu.

Les Miracles de Sidi Ahmed

Voici le récit d'un pèlerinage effectué par un patriarche du Maghreb* sur les Lieux saints de l'islam. Le pèlerinage est l'un des cinq piliers de l'islam, avec la profession de foi, la prière, l'aumône et le jeûne du ramadhan.

Sidi Ahmed est le saint Patron de Mansourah, capitale d'une région agricole très prospère et qui ne se trouve sur aucune carte. Il arborait une longue barbe, signe d'érudition et de modestie. Sa robe d'un blanc immaculé lui avait été offerte par son père, qui lui-même était un saint que toutes les familles vénéraient. C'était une vieille tradition dans la région. Le clan des Chorfas* comptait des hommes de grande sagesse au rayonnement extraordinaire. Arrivé à un âge respectable, Sidi Ahmed sentit le moment venu. Son désir secret était maintenant connu de tous : Sidi Ahmed voulait aller à La Mecque. Il voulait s'acquitter de son devoir de croyant, faire ce que son père avait fait avant lui. En devenant hajj*, titre prestigieux, il perpétuerait le renom de sa famille, ajoutant ainsi une pierre à toutes celles qui avaient été déposées avant lui. Sidi Ahmed voulait participer au renforcement de la dynastie. Le Coran le dit clairement : « Accomplissez le pèlerinage de La Mecque et la visite des Lieux saints. » Sidi Ahmed savait que la période était propice. Dans sa famille, on ne souffrait pas – à Dieu ne plaise – du malheur de la pauvreté. Ils jouissaient aussi d'une santé étonnante. Cet héritage se transmettait à la progéniture. Aussi Sidi Ahmed était-il robuste comme un vieux chêne. À la sortie de la mosquée où il venait de conduire la prière du vendredi, Sidi Ahmed fit venir tous ses enfants et petits-enfants. Une bonne trentaine en tout, ainsi que tous les membres de son clan. D'un geste connu de tous, Sidi Ahmed ouvrit la séance. Il s'agissait pour lui d'épurer tous ses comptes, de régler ses dettes éventuelles, de répartir l'héritage entre ses enfants et petits-enfants et de faire ses adieux. Puis le vénérable cheikh* enjoignit à son assistance de pardonner à leur humble serviteur ses injustices, ses fautes et ses longues absences qui s'expliquaient, précisa-t-il, par la pratique de la méditation à laquelle il s'était astreint depuis son jeune âge.

Le grand voyage imposé aux hommes par Allah*
pouvait commencer. Le pèlerinage est une expédition qui requiert une abnégation sans bornes. Il constitue pour le musulman l'achèvement de sa foi, le point le plus élevé de sa croyance, et beaucoup de vieilles personnes aspirent à mourir à La Mecque ou dans ses environs. Nombreuses sont les contrées traversées pour y arriver : le Maghreb, le Soudan, l'Égypte, la Syrie... et bien d'autres encore.

*

Après avoir salué sa famille et ses amis, Sidi Ahmed fit approcher son cheval, vérifia que sa suite était prête et donna l'ordre à la caravane de s'ébranler. Celle-ci était constituée d'une longue procession de chevaux, d'animaux de trait, de chiens et de chameaux. Chaque bête avait un maître caravanier pour les soins et la nourriture. Caparaçonnés, les chevaux étaient de vrais pur-sang de Bou-Saada et des Hauts Plateaux. Les autres bêtes de trait servaient à porter tentes et provisions. Ils étaient une centaine de personnes, hommes, femmes et même quelques adolescents, à s'affairer autour de Sidi Ahmed. La plupart seraient du voyage. Mais la route était longue et difficile, les personnes retenues devaient être de bonne santé. Il fallait franchir les montagnes du centre, les vallées, traverser des oueds à sec ou gorgés d'eau, dormir à la belle étoile, sur un sol caillouteux. Une aventure interrompue à distance régulière par la prière que les hommes et les femmes observaient cinq fois par jour, tôt le matin, vers midi, au milieu de l'après-midi, à la tombée de la nuit et après le repas du soir. Tout au long de la route, des moments de convivialité étaient prévus pour le repos des pèlerins et des bêtes. On installait alors la table du cheikh et, tout autour, des nattes et des tentes à auvent. On déchargeait les ânons, les chameaux et les chevaux qui, aussitôt, s'ébrouaient, faisaient des cabrioles de joie et broutaient tout leur soûl l'herbe abondante des frondaisons. À l'arrière du camp, les cuisiniers préparaient le repas dont les parfums appétissants parvenaient jusqu'aux narines des voyageurs. Chacun avait droit à une soupe de légumes, des galettes, des dattes, du lait, des gâteaux secs et beaucoup de fruits. On buvait de l'eau sortie tout droit d'une fontaine jaillissante ou bien du lait. Le thé aussi coulait à flots ; il allège le cerveau, aide à la digestion et permet une meilleure circulation sanguine. Lorsque la caravane arrivait près d'un village ou croisait un regroupement de nomades, l'intendant de l'expédition faisait provision de grandes quantités de viande séchée, de farine et d'huile. Parfois, des joueurs de flûte entonnaient une cantilène du pays, tandis que des baladins se joignaient à eux pour amuser les pèlerins qui, fourbus de fatigue, se laissaient aller à quelques anecdotes joyeuses. Plus tard, lorsque le sommeil pèserait sur leurs paupières, ils s'allongeraient à l'endroit même où ils avaient veillé et dormiraient jusqu'au petit jour. L'appel à la prière les sortirait alors de leur torpeur, et la vie recommencerait.

*

Plusieurs semaines, déjà, s'étaient écoulées depuis leur départ de Mansourah, leur ville dans le lointain Maghreb. Sidi Ahmed était en passe de réaliser son rêve, et de quelle manière ! Le voilà donc aux limites de la terre sacrée, après avoir traversé l'Algérie, la Tunisie, la Libye, l'Égypte, le Sinaï, laissant loin derrière lui Akaba, prêt à s'engager dans le Hedjaz, la chaîne montagneuse qui sépare la mer Rouge de La Mecque et de Médine – c'est dans cette région que l'islam est né, il y a plus de quatorze siècles. Au lieu de faire une halte à Médine, qui se trouvait sur le chemin, Sidi Ahmed choisit de se diriger vers La Mecque, située plus au sud.

— Ne vous préoccupez pas de Médine, dit-il à ses compagnons, nous la retrouverons au retour.

Les pèlerins restèrent sans voix lorsqu'ils eurent devant eux la montagne qui abrita leur Prophète durant ses longues retraites spirituelles.

Les heures qui restaient avant d'atteindre La Mecque seraient les plus fiévreuses, les plus intenses. Comment serait la ville, et la Grande Mosquée, et la Kaaba ? Depuis leur tendre enfance, ils connaissaient ces lieux par leur nom ; ils allaient désormais les découvrir de leurs propres yeux. L'excitation était à son comble.

À la tombée de la nuit, les pèlerins maghrébins arrivèrent enfin à La Mecque. C'est ainsi que là-bas on les appelle encore aujourd'hui : musulmans maghrébins, africains, asiatiques, gens du Cham, musulmans français, musulmans américains. Tous sont musulmans. Tous viennent prier Dieu et rendre hommage au saint Prophète. Leur différence de couleur de peau ne les empêche pas de prier dans la même mosquée, sur les mêmes nattes tressées. La caravane avait fait un périple de plus de cinq mille kilomètres en l'espace de trois mois... Elle avait traversé cinq pays et longé deux mers. Ils avaient connu les bivouacs à l'ombre d'immenses eucalyptus parfumés, des campements au bord du désert. Quelques visites pieuses avaient jalonné leur parcours. Cela avait été le cas pour les « Saints de la Route », les cheikhs, les koubbas*, les mausolées et les mosquées.

Aux abords de La Mecque, Sidi Ahmed dépêcha un émissaire pour annoncer son arrivée aux seigneurs de la région, aux imams et aux cercles de bienfaisance.

Resté avec sa petite troupe, il donna des instructions pour qu'on établisse le campement, à quelques empans seulement de la Grande Mosquée, et surtout de la Kaaba. Tous avaient maintenant revêtu un vêtement blanc, d'un blanc immaculé et non cousu, une sorte de boubou africain, un izâr, symbole de pureté face à Allah. Plusieurs centaines de milliers de personnes y étaient attendues.

En sa qualité de chef spirituel et temporel, Sidi Ahmed réunit toute la caravane et tint un discours de bénédiction en vue de préparer ses compagnons au grand changement qu'ils allaient connaître.

— Demain, leur dit-il, nous observerons les rites du pèlerinage, en groupes serrés, car on peut facilement se perdre. Nous sommes en état de sacralisation pour dix jours. Nous visiterons le mont Arafat, Mouzdalifa, puis Mina. Nous resterons trois jours à Mina. Là, chacun de vous jettera sur la stèle du démon plusieurs dizaines de petits cailloux. On appelle ce rite la « lapidation de Satan ». Ensuite, nous sacrifierons un mouton en hommage à Abraham et à son fils, car il a failli être immolé à la demande de Dieu. De retour à La Mecque, nous nous acquitterons des sept tours de la Kaaba. Nous ferons sept tours chacun dans le sens inverse des aiguilles d'une montre et nous referons la course entre Safa et Marwa en souvenir d'Hagar. Naguère, elle chercha dans ces parages de l'eau pour son fils sur le point de mourir. C'est à la fontaine Zamzam* que nous trouverons cette eau. Évidemment, le rite le plus important sera celui de la prière collective à la Grande Mosquée en présence de milliers de personnes. Mais sachez encore une chose : tout ce que vous ferez ici, accompagnez-le d'une bonne intention. Elle est la clé de voûte du pèlerinage. Car si vous venez à La Mecque pour faire commerce de votre argent ou de votre temps, vous repartirez sans succès. Si vous venez à La Mecque sans vous immerger dans la foule, votre pèlerinage sera faible. Si vous venez à La Mecque sans chercher à vous laver des erreurs que vous avez faites, vous ne serez pas un bon pèlerin au retour et vous ne rayonnerez pas autour de vous.

Sidi Ahmed récita une bénédiction et se tut. La nuit était maintenant bien avancée.

Les pèlerins éprouvaient le besoin d'aller se reposer. Le cheikh les libéra avec joie, se préparant lui-même à connaître la plus grande révélation de sa vie. Ils s'endormirent de bonne heure. À l'aube, ils étaient de nouveau frais et dispos. Le pèlerinage pouvait enfin commencer. Les préposés à ce rite étaient déjà là : porteurs, chauffeurs, guides, cuisiniers. Le pèlerinage a lieu dans un périmètre connu de tous : des lieux symboliques, des mosquées, des monticules. Il s'agit de refaire le chemin du Prophète, marcher sur ses pas, connaître ses privations, assister à ses joies. Toutes les nationalités, toutes les couleurs, toutes les langues s'y étaient donné rendez-vous. Et tous, hommes, femmes, enfants, arboraient le même vêtement blanc.

*

Dix jours venaient de passer à la vitesse de l'éclair. Les prières avaient succédé aux invocations et aux offrandes, qui avaient succédé aux prières. Le mouton fut sacrifié et la dernière invocation au ciel accomplie. Le pèlerinage était presque achevé ; Sidi Ahmed se sentait rajeunir, ragaillardi par l'ambiance qui régnait dans le camp. Tous les pèlerins étaient mus par un seul objectif : mériter la confiance de Sidi Ahmed et préserver la baraka* qu'ils avaient acquise à ses côtés. S'étant acquitté de toutes les bénédictions requises par la foi, ayant offert le mouton sacrificiel et procédé à la tonsure de ses compagnons, Sidi Ahmed ordonna la levée du camp, car il était temps de s'incliner sur la tombe du Prophète à Médine. Ce dernier rite était important. Les pèlerins refirent le trajet de l'exode du Prophète et de son compagnon Abou Bakr, passant non loin de la caverne où le Prophète se cacha, là où l'araignée tissa sa toile de façon à tromper l'ennemi. Ils éprouvèrent ainsi les souffrances endurées par les deux fuyards.

Si La Mecque avait été un enchantement pour eux, avec son air chaud et ses nuits étoilées, Médine allait sûrement resplendir d'une autre lumière. La tombe du Prophète, la première maison où il vécut à son arrivée, la mosquée, tout allait être restitué avec bonheur. Le trajet s'effectua sans encombre, en une seule journée. Les pèlerins se sentaient pousser des ailes. Leurs montures ressemblaient à Al-Bouraq*, le fameux cheval ailé du Prophète[1] qui franchit de grandes étapes sans éprouver la moindre fatigue, comme porté par un nuage. Sans doute, la nostalgie de la terre natale. Les animaux non plus n'échappent pas à ce genre de chose ! Une fois à Médine, Sidi Ahmed s'isola encore, fit sa prière, se passa la main sur le visage, lissa sa longue barbe blanche et se redressa d'un bond. Il était transformé !

*

Puis vint le jour du retour au pays. Les pèlerins avaient maintenant quitté La Mecque, et Médine se vidait à son tour. La traversée de la mer Rouge fut préférée à la longue procession vers le nord. Trente felouques avaient été commandées aux passeurs. Elles étaient amarrées dans une aile du port de Yanbo, leur prochaine étape. Ils l'atteignirent au

1. Voir le dernier récit de ce recueil, « L'ascension au ciel » (page 209 et suivantes).

bout de deux jours de marche régulière. Les bêtes se reposeraient ensuite au cours de la traversée en mer. À l'aube du deuxième jour, l'éclaireur que Sidi Ahmed avait choisi depuis le départ revint à l'heure convenue et confirma que les armateurs étaient à Yanbo et qu'ils les attendaient. Dès l'arrivée de la caravane, Sidi Ahmed assuma la répartition de la charge sur chaque felouque, entassant bêtes et provisions à fond de cale et laissant les pèlerins prendre place sur les bords de chaque embarcation. La mer était calme. Une brise légère s'engouffra dans la voilure triangulaire, qui était grandement déployée. Quelques heures plus tard, ils abordaient la côte africaine, à l'extrême est du continent. Reprenant aussitôt la route, la caravane de Sidi Ahmed remonta vers Le Caire, arborant une multitude de fanions verts, bruns et rouges, dont certains comportaient des versets coraniques calligraphiés en lettres d'or. Ils empruntèrent naturellement le chemin des Pharaons et gagnèrent rapidement les bords de sa majesté le Nil, grand fleuve mythique qui coupe le pays dans sa longueur. Sidi Ahmed voulut prier une dernière fois dans la grande mosquée Al-Azhar, fondée en 905 après Jésus-Christ, la plus ancienne de toutes les mosquées africaines. (On y fabriquait autrefois le voile noir appelé kiswa* qui recouvre la Kaaba. En ce temps-là, la caravane du calife Fatimide du Caire partait vers l'Arabie pour apporter son précieux cadeau aux chérifs de La Mecque.) Le bivouac fut installé à l'extérieur de la ville, et Sidi Ahmed, juché sur sa mule, se dirigea lentement vers Al-Azhar, car il disposait du temps nécessaire pour accomplir la prière du soir.

*

Chaque fois que la caravane de Sidi Ahmed traversait une région, des fleurs que l'on croyait mortes à jamais et qui ne poussaient plus depuis longtemps, ô miracle parmi tant d'autres !, se mettaient à bourgeonner. Des arbres jaunis reverdissaient soudainement. Un groupe de moineaux agiles, de mésanges et de tourterelles participaient aux louanges d'Allah que Sidi Ahmed murmurait sans cesse dans sa barbe blanche, égrenant un chapelet de nacre blanc. Même les prairies semblaient plus grasses et plus vertes à son approche, de sorte que les chevaux arrivaient à reconstituer leurs forces plus vite. La vie reprenait soudain sur toute cette région semi-désertique, hostile en été, inhumaine en hiver. Les lieux désertiques que la caravane avait traversés à l'aller devenaient des tapis de verdure. Allah n'a-t-il pas dit dans le Coran qu'il était le plus puissant et qu'il pouvait tout transformer à sa guise ? Mais le mystère de Sidi Ahmed s'épaississait de jour en jour. Non seulement l'herbe était plus fine à son passage, mais le

soleil lui-même se voilait pour lui éviter des brû-
lures sur le dos. Le Sahel était complice. Chacun sait
que Sidi Ahmed avait réalisé beaucoup de miracles
dans sa vie avant son pèlerinage, et maintenant
qu'il était devenu hajj cela devait s'accélérer.

« Dieu est le Tout-Puissant », murmura encore
hajj Sidi Ahmed, avant de quitter la terre d'Égypte.

Le long convoi entrait à présent dans le grand
désert de Libye, haut lieu de l'histoire. Il y eut d'abord
les Grecs, puis les Romains, puis les Byzantins, puis
les Juifs et pour finir les Arabes, qui islamisèrent
toute la côte, devenue depuis la terre des Senoussis*.
Quelques jours plus tard, la caravane atteignit
Djerba, le Sud tunisien, et la sebkha* de Nefta, le
reflet argenté des lacs de sel... Le pèlerinage est une
expédition extraordinaire ; il nécessite beaucoup de
courage et d'abnégation, et aussi de la force physique. Au retour, depuis La Calle jusqu'à Annaba, et
au-delà dans tout le territoire des grandes familles
de la région, des fanions colorés sur des hampes
bordaient les chemins ravinés et la grand-route. On
allumait des cierges la nuit en hommage à Sidi
Ahmed. Chacun se sentait concerné par ce pèlerinage, car une bénédiction particulière lui était asso-
ciée. C'est ce qu'on appelle la baraka ! Même les
enfants célébraient à leur façon le grand hajj qu'était
devenu Sidi Ahmed, avec sa caravane, sa smala*,
ses miracles et son aura. Ils l'applaudissaient à tout

rompre quand ils voyaient la caravane passer. Ils organisaient des rondes. Ils chantaient alors et dansaient jusqu'à la tombée de la nuit.

*

Un jour, cependant, après que Sidi Ahmed eut assisté au renouveau de la belle saison et que les fleurs eurent commencé à bourgeonner, une fatigue immense l'envahit d'un seul coup. Il ne put se lever de son lit à baldaquin, ses membres étaient à moitié engourdis. À l'aube de sa soixante-dixième année, Sidi Ahmed s'éteignit sans avoir souffert. On l'enterra à l'endroit même où il avait passé ses derniers jours, dans une tombe sous l'olivier de sa maison. Selon l'usage, son visage fut orienté vers La Mecque. Béni par le ciel et disposant de la baraka de ses œuvres pies, Sidi Ahmed laissa partir son âme en paix. Un char conduit par les anges du paradis l'emporta vers l'infini.

À l'endroit même où il ferma les yeux, ses disciples édifièrent en quelques semaines une koubba où il put reposer en paix. Aujourd'hui encore les malades viennent la visiter, déposent leurs offrandes dans l'oratoire prévu à cet effet et repartent soulagés. Les hommes stériles, les femmes sans enfants, les couples en difficulté, les orphelins, les voyageurs, les célibataires et même les animaux du voisinage éprouvent une attraction particulière pour la koubba blanche.

Par grappes, les chèvres s'y frottent de tout leur corps, tandis que les vieux du village se livrent à leur distraction favorite : le trictrac. Assis devant la koubba, ils bavardent à longueur de journée, se racontent les histoires du temps passé et pensent à leur ami défunt. Mais celui-ci est encore parmi eux. Mort ou vivant, Sidi Ahmed ne les abandonne pas. Un cheikh vénérable est un cheikh humble et fidèle, au-delà de la mort.

la réunion
à la mosquée

Ce conte évoque le combat que se livre partout un duo célèbre et ancien : Richesse et Pauvreté. Tout musulman nanti a le devoir d'offrir une aumône aux pauvres. Cette aumône s'appelle « zakat ». Elle est l'un des cinq piliers de la foi. Son principe est le suivant : « Celui qui donne s'enrichit. Celui qui ne donne pas s'appauvrit ». La richesse naît de l'échange, elle n'existe pas dans l'absolu.

Une fois l'islam installé à Médine – après la fuite de Mohammed de La Mecque, sa ville natale –, lorsque s'annonçait la saison des quatre mois sacrés, qui interdisait la guerre, les hommes et les femmes d'une même famille se réunissaient sous la tente, dans le patio de la maison ou dans la grande salle de la mosquée. Les uns scrutaient la fin de la journée et le rafraîchissement de l'air ; les autres attendaient la fin de la cérémonie religieuse où, profitant de la présence des enfants qui jouaient non loin de là, ils se racontaient une infinité d'historiettes, riaient de bon cœur et rentraient chez eux détendus et apaisés. Certaines de ces histoires témoignaient d'un bon esprit de fraternité, d'autres étaient plus graves et plus austères. On apprenait alors qu'il n'y avait pas de richesse sans pauvreté, de bonté sans générosité, de folie sans sagesse, de faiblesse sans force, de solide sans liquide, de ciel sans terre, ni de soleil sans ombre...

Le méchoui* était le plat du jour. Quant au sel – la tradition le dit –, c'est un bien de la communauté. Par le passé, les Touaregs en avaient transporté des milliers de tonnes du grand Sud vers le Nord. Ils le troquaient contre des légumes, des vêtements, de la viande et de l'indigo.

Le troc était l'échange le plus courant dans ces contrées, et le plus universel. Il unissait le riche et le moins riche, le familier et le lointain, l'autochtone et l'étranger. Que l'on vienne du Mali ou du Niger, de Libye ou d'Égypte, d'Indonésie ou des Comores, le troc, le sel, l'amitié, l'hospitalité étaient les seules monnaies d'échange. Même les pauvres pouvaient en tirer parti. Les pauvres, qui ne les connaît ? Qui peut s'en passer ? Les Bédouins aussi avaient leurs pauvres et leurs riches. Certains de leurs pauvres étaient en fait des derviches*. Ils allaient de marché en marché, chantant les louanges de Dieu, et dormaient là où ils le pouvaient, souvent dans les mosquées. On les appelait les « Fous d'Allah ». Ils étaient pour la plupart adeptes d'une secte : celle des Aissaouas*, des Naqchabandiyya* ou des Qalandariyya*. Cette dernière est une confrérie ancienne citée dans *Les Mille et Une Nuits*.

Les derviches étaient « l'ornement de la foi » comme le disaient les hommes qui savaient. Celui qui voulait les rencontrer devait se rendre jusqu'en Iran, en Irak, en Inde, ou en Syrie, partout où ces confréries avaient installé leur gîte. Ces derviches recevaient l'obole des riches qui voulaient ainsi purifier leur fortune.

Voici l'histoire de l'un d'eux. Un très, très riche commerçant portait un vêtement somptueux, brodé et travaillé comme une œuvre d'art. Il se rendit à la mosquée où se tenait la grande prière de l'Aid el-Kébir*, qui avait lieu une seule fois dans l'année. Ainsi que l'exigeait la coutume au temps du Prophète, une séance du diwan* était consacrée à l'éducation morale des musulmans. Ils y venaient en nombre, s'installaient autour du minbar*, écoutaient le prêche, puis posaient toutes sortes de questions. C'était l'occasion pour les adeptes de Mohammed de régler de nombreux conflits.

Les réponses du Prophète sont des paroles sages que l'on consigne scrupuleusement dans des registres. L'ensemble constitue le Récit prophétique, le hadith*, car les mots sont une république où chacun se sent l'égal de l'autre.

*

Le riche seigneur arriva en dernier et s'installa en tailleur, non loin de Mohammed. Au moment où les croyants formaient le premier cercle autour du Prophète, le riche terminait encore sa prière. Il se hâta de formuler ses doléances au ciel, car il était impatient de briller en société. Mais, malgré sa précipitation, il ne put assister au début de la rencontre. À ce moment-là, le Prophète était en train d'expliquer la manière dont il fallait lire les versets coraniques, les situer dans leur contexte pour mieux en tirer le suc.

Un fidèle de la première heure posa une question :

— Ô Prophète ! j'ai des difficultés avec un verset du Coran, celui de la Lumière, dans le chapitre 24. Peux-tu nous en dire quelques mots ?

— Lumière sur lumière, dit, rêveur, le Prophète, qui connaissait le Coran par cœur. C'est l'un des versets les plus mystérieux du Livre sacré. Écoutez bien ce que je vais vous dire...

Et l'explication commença, transparente, merveilleuse. Le fidèle avait raison. Ce verset ne dévoilait qu'une petite partie des nombreux sens qu'il contenait. Aussi les images succédaient-elles aux images, les métaphores aux métaphores et les allégories aux allégories. Les participants au conseil étaient ravis de découvrir ce qu'ils ne savaient pas de la richesse sémantique du verset. Ils auraient aimé en entendre et en apprendre plus, retenir davantage. Mais la pédagogie prophétique était pleine de retenue. Mohammed ne pouvait donner à ses ouailles que ce qu'ils pouvaient garder, on ne peut charger une âme que du poids qu'elle supporte. Et, assurément, le meilleur adage est l'adage le plus court.

*

Bientôt parut un homme déguenillé. Sans être sale, il était dépourvu de tous les ornements que le croyant arrivé avant lui arborait, avec ses dorures et son chapelet en grains d'ivoire. Visiblement, l'homme était extrêmement démuni. Il se mit néanmoins auprès de l'homme fortuné. L'un était pauvre comme Job, l'autre riche comme Crésus. Instinctivement, le richissime retira son joli vêtement de brocart sur lequel le pauvre s'était malencontreusement assis. Tous les participants avaient remarqué la scène et en avaient éprouvé une grande gêne, mais, par respect pour le saint Prophète, ils s'étaient tus.

C'est alors que le Prophète s'adressa au riche :

— As-tu craint que cet homme te communique sa pauvreté ?

— Non, répondit vivement l'homme interpellé. C'est que mon vêtement était lavé et repassé, il était rangé sur un cintre dans une grande armoire que j'ai fait réaliser pour lui. Il est en laine et en soie. La soie vient de Chine et coûte extrêmement cher. J'ai dû aller l'acheter à Ispahan. La laine vient d'Égypte, de la meilleure fabrique du pays. Les boutons sont en nacre blanc et noir. Il n'y a qu'un seul artisan qui les travaille, car le mariage des couleurs répond à des règles. J'ai envoyé un domestique les acheter dans le grand bazar de Damas. Quant à la coupe de ce vêtement, c'est sans doute le tailleur le plus chevronné de la ville qui l'a réalisée. Il a mis trois mois à tout confectionner, surveillant les ouvriers et peaufinant le dessin, cherchant à améliorer, ici où là, tel détail, telle imperfection et surtout respectant la tradition dans tout son éclat. J'en suis fier et cela me donne l'impression d'être sur un tapis volant. Ce vêtement compte beaucoup pour moi, sans doute plus que tout ce que je possède...

Le Prophète l'interrompit de peur de devoir continuer à l'écouter vanter son vêtement.

— As-tu craint que ton vêtement soit souillé par cet homme qui s'est assis dessus ?

L'homme richissime se rendit soudain compte de sa bévue en parlant de richesse et de fortune face à une assemblée en quête de science et de connaissance.

— Non, répondit l'homme fortuné, ce n'était pas là mon intention. Mais, c'est ainsi...

Il parut hésiter, cherchant ses mots. Le Prophète reprit :

— Pourquoi as-tu donc réagi si vivement ? Quelque chose t'a sans doute déplu ?

— Ô Prophète d'Allah ! La concupiscence, la vanité, la cupidité sont des œuvres de Satan. Et Satan est très puissant. Il induit en erreur qui il veut, et j'ai été une parfaite victime pour lui. Grâce à toi, ô Prophète d'Allah !, et profitant de ta bénédiction, je veux bien réparer mes torts en corrigeant mon attitude. Car, que valent à mes yeux ce beau vêtement, cette richesse accumulée, ces ornements en or et en argent si ma place auprès du Seigneur Dieu n'est pas assurée ? Aussi, tu me seras un témoin précieux dans l'Au-delà et, pour m'amender, je veux en cette circonstance donner à ce pauvre la moitié de ma richesse. Je veux le couvrir de tous les biens dont il a besoin, l'honorer comme devrait le faire un bon musulman envers un frère tout aussi croyant. N'est-ce pas ainsi que le Coran présente la sincérité ? Ne lit-on pas dans le Coran que celui qui craint Dieu et qui est pieux, celui-là aura la possibilité de distinguer le bien du mal, le licite de l'illicite ? Allah ne dit-il pas, j'effacerai vos mauvaises actions et je vous pardonnerai ? Allah n'est-il pas enclin à tant de sagesse que tous les péchés des hommes ne l'affecteront jamais ? C'est en me fondant sur ce que tu as enseigné, ô Prophète !, que je dis tout cela...

Et le riche continua ainsi sa diatribe pendant plusieurs minutes. Il se tut enfin, se rendant compte encore une fois de la situation cocasse dans laquelle il s'était mis. Tous les croyants présents avaient les yeux braqués sur lui, mécontents. Comment osait-il réciter toutes ces niaiseries, ces fausses certitudes face au Prophète, lui qui par l'exemple donne à penser et à aimer, parfois sans dire mot ! Comment osait-il, l'impudent ?

*

Le Prophète Mohammed s'adressa alors au pauvre gueux, le croyant qui s'était malencontreusement assis sur le vêtement de brocart du riche.

— Acceptes-tu l'offre que te fait cet homme ?
— Non, répondit-il.

— Et pourquoi ? demanda le Prophète.

— C'est que, répliqua le pauvre, je crains de lui ressembler et de faire miennes toutes les manies des riches, comme la peur de perdre les biens matériels engrangés licitement ou illicitement. Car que sont les biens matériels et que vaudront-ils demain au jour du Jugement ?

Le pauvre en question était un mystique qui rêvait de communier avec Dieu. Il appartenait à la corporation des soufis*, qui se définissent comme des faqirs*, des « pauvres en Dieu », ou des derviches. Les faqirs vivent de mendicité et passent le plus clair de leur temps à méditer dans la mosquée. Parfois, ils sortent de leur retraite et vont dans les souks, dans les villes et dans les villages pour trouver à manger. Il leur arrive d'éveiller la conscience assoupie des amoureux des biens matériels, de prévenir la vénalité des commerçants peu scrupuleux et de rappeler la vanité du monde d'ici-bas face à la sublimité de l'Au-delà. La population les aime beaucoup et les protège. La bénédiction dont ils jouissent suffit à couvrir toute une montagne pelée de fleurs délicates comme le muguet, le narcisse ou la jonquille.

— Voyez-vous, conclut le Prophète, le bon musulman n'est pas celui qui fait étalage de sa richesse matérielle, oubliant de venir à l'heure de la prière et s'installant au meilleur endroit. Le bon musulman n'est pas celui qui est attaché aux privilèges accumulés ici-bas ; le bon musulman est celui qui pense à son prochain d'une autre façon que ce riche, le bon musulman est celui qui pense d'abord à Dieu avant de penser à lui-même. Il écoute son prochain, le respecte, l'entoure de son affection. Le bon musulman est sincère dans ses intentions et dans ses actes. Il n'est donc point nécessaire de vouloir plaire à tout le monde par sa richesse, car il faut d'abord plaire à Dieu. Et Dieu n'a que faire de vos vêtements de soie et de brocart, il juge d'abord l'humilité et la sincérité, l'œuvre pie, l'ardeur au travail, l'amour du bien. Acquittez-vous de ces vertus, soyez humbles et respectueux, et vous irez au paradis. Dieu est Miséricorde, Il est le plus miséricordieux.

Après quoi, le Prophète descendit de son minbar et s'en alla vers sa maison, entouré du regard attentionné des anges qui dansaient autour de lui.

Longtemps après, les musulmans pieux méditèrent la parabole du riche et du pauvre. Ils en tirèrent une métaphore sous forme d'énigme : « Pourquoi le papillon ne peut-il s'approcher de la bougie sans se brûler ? » La réponse est devenue claire comme le jour : « Même modeste, la flamme de la bougie est capable de brûler un champ tout entier, une forêt et un village de fées. Si le papillon veut être éclairé, il lui faut choisir le lampadaire ou le soleil, c'est-à-dire connaître ses besoins. C'est dans le choix de ses moyens d'existence que l'homme saura éviter les pièges qui jalonnent son chemin, car le faux-semblant est toujours un mauvais calcul. »

Cette histoire appartient au patrimoine musulman. Elle est notamment rapportée dans les Séances du grammairien de Bassora du nom de Hariri (1054-1122). On la trouve aussi dans la plupart des manuels d'éducation pour les jeunes, que ce soit au Levant ou au Couchant.

Enfin, les soufis reprennent ce récit pour symboliser leur quête d'union à Dieu, faite de retenue, de méditation et de modestie.

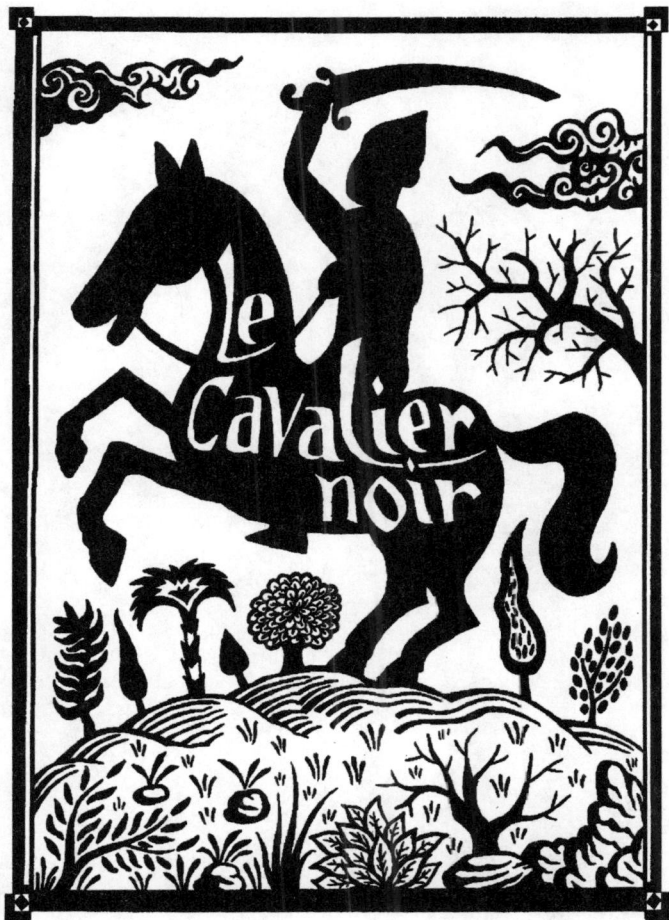

*Pour l'islam, la Mort, Al-Mawt, fait partie de la vie.
Il est mal vu de pleurer ses morts car, dans la mesure
où ils sont, dit-on, faits de terre, ils retournent à la
terre. Les bienheureux d'entre eux rejoindront Allah,
au ciel, et beaucoup seront admis au paradis.*

C omme les autres monothéismes, l'islam croit
à l'existence du paradis et de l'enfer. À peine
arrivé dans sa tombe, le trépassé reçoit la
visite de deux anges-scribes, Nakir* et Mounkir*.
Leur rôle est de faire le point avec lui sur les actes
qu'il a commis sur terre. Ils lui posent trois questions, la première sur Allah, la deuxième sur l'islam,
la troisième sur le Prophète.

La tradition rapporte des précisions étonnantes
sur ce bref moment. « Quand le mort est descendu
dans sa tombe, que ses amis se sont éloignés et qu'il

entend encore le claquement de leurs sandales, voici qu'il voit venir à lui deux anges qui le font se dresser sur son séant et lui disent au sujet de Mohammed : "Que disais-tu de cet homme ?" Si le mort est un vrai croyant, il répondra : "Je témoigne qu'il est le Serviteur et l'Envoyé de Dieu." Si, au contraire, il ne s'agit que d'un mécréant, qui non seulement ne croit pas au message divin de l'islam mais cherche à lui nuire, il sera tout penaud et répondra : "Je ne sais trop quoi en penser, je répétais ce que tout le monde disait..." »

*

C'est pourquoi la Mort doit s'acquitter de son travail avec rigueur et discrétion. Une bonne mort doit être ponctuelle. Le fait d'amener les trépassés à l'endroit où ils sont attendus exige un certain savoir-faire. Aussi la Mort est-elle toujours compréhensive et soucieuse de ne pas extorquer la moindre minute à celui qui n'est pas encore prêt à la rejoindre.

La Mort est un personnage important. On ne connaît pas son sexe ; est-ce un homme, est-ce une femme, qu'importe ? Quoi qu'il en soit, la Mort dirige un ministère très imposant, avec des bureaux dans le monde entier. Pour être désigné à ce poste, il faut montrer des aptitudes de concentration, d'anticipation et un art consommé de la négociation.

Lorsque la Mort échoue à ramener l'âme du défunt à sa dernière demeure et que celle-ci lui glisse entre les mains pour revenir à la vie, c'est une suspension assurée. La Mort se morfondra dans la solitude et ne fêtera aucune nouvelle arrivée au ciel. Même son salaire est revu à la baisse, sans parler de sa réputation. On voit bien que le travail de la Mort n'est pas aussi routinier que le prétendent ses détracteurs, les mauvaises langues. Ce travail est de la vraie broderie, du théâtre. Or, « la Familière » – c'est le surnom de la Mort dans la tradition arabe – doit d'abord l'étudier comme une vraie professionnelle. Elle doit constituer un dossier sur chaque candidat. Et ce passage est parfois difficile à franchir pour nous aussi, pauvres humains qui sommes très attachés à notre vie terrestre, au corps, à la respiration, au mouvement et au plaisir. Il nous faut un entraînement particulier...

*

À cet égard, laissez-moi vous raconter la plus courte des histoires concernant la Mort. Il s'agit de l'histoire d'Ismaël al-Bagdadi, citoyen de Roussafa, un quartier de la « Ville Ronde », qui était par le passé le surnom de Bagdad. Ce candidat avait peur de mourir, alors que le cor de son destin avait déjà sonné. Un jour, se trouvant devant la boutique du grand seigneur arabe Hassan, un marchand de Bagdad, un jeune employé surprit la discussion de son maître avec un homme qu'il n'avait jamais vu dans les parages et qui semblait être un étranger. Grâce aux bribes qu'il glana, le jeune comprit que cet étranger occupait une fonction et un statut impressionnants. Peu à peu, l'évidence lui sauta aux yeux. C'était Al-Mawt, la Mort, la sinistre Mort et son cheval noir de jais !

Et elle disait au marchand qu'elle resterait trois semaines à Bagdad, car elle avait une liste fort longue de vies à reprendre. Trois semaines ! Le disciple terrifié crut qu'il suffirait de quitter Bagdad et de ne plus réapparaître durant trois semaines au moins pour ne pas être pris. Il alla voir son oncle, qui était forgeron dans le bas de la ville, et lui emprunta un cheval alezan sur lequel il partit au galop. Il fallait voir comment depuis Bagdad il ne cessait de l'éperonner ! Tant et si bien que l'équidé finit par franchir les airs pour rejoindre la lointaine Samarcande.

Naïvement, Ismaël al-Bagdadi pensait que la Mort allait officier dans Bagdad puis repartir chez elle. Plusieurs jours passèrent. À Samarcande, le jeune apprenti ne percevait plus que le silence de la nuée. Guettant l'horizon, il ne voyait ni cavalier, ni convoi, ni la moindre trace de cheval noir. Cependant, à Bagdad, la vie reprenait doucement son cours. Les marchands pratiquaient toujours l'usure, et les clients, qui se laissaient séduire par leurs paroles de bonimenteurs, achetaient à crédit, contractant ainsi des dettes immenses. Or le croyant qui sent sa fin venir est tenu par la loi de l'islam de régler ses dettes et de ne jamais mentir devant Nakir et Mounkir, les deux inspecteurs de l'Au-delà. De son côté, la Mort revint voir le marchand avec lequel elle aimait bavarder. Combien de fois ce cheikh à la barbe lisse et aux yeux d'un sage de Mongolie avait échappé à une mort certaine, lorsque, devant charger ses navires ou réceptionner ses caravanes, des loups et des vautours avaient tourné autour de ses ballots ? Notre cheikh n'était pas regardant sur le contenu de ses cargaisons, et chacun pouvait livrer sa marchandise sans se soucier ni du jour ni de l'heure. Il ne vendait qu'en gros : viande de zébu, poissons séchés de Dakar, dattes d'Irak, épices de Ceylan, onguents d'Arabie, ivoire des Indes, perles du golfe Persique, différents miels du Yémen et même des peaux de léopards et des cornes d'éléphants du Kenya.

La Mort était à l'heure, ni en avance ni en retard. Le Coran dit : « Il n'appartient à aucune âme de mourir, si ce n'est avec la permission d'Allah[1]. » Même la Mort n'a pas le droit de venir plus tôt.

1. Coran, III, 145.

— Où est donc passé ton disciple ? dit la Mort à Hassan, le seigneur marchand. Ne travaille-t-il plus chez toi ?

— Il doit être en ville. Cela fait plusieurs jours que je ne l'ai pas vu. Oh, c'est un inconscient ! Les jeunes ne réalisent pas que la vie et la mort ne sont que deux facettes d'une même médaille. Au moment où je parle, notre jeune ami doit courir les belles de Bagdad et de Roussafa, le quartier où il habite, abandonnant ses devoirs envers son Seigneur, à commencer par la prière. Comment faire attendre Dieu, alors que c'est Lui qui nous a donné ce souffle par lequel nous nous mouvons ici-bas !

— Étrange... dit la Mort, dubitative, car il est sur ma liste. Tiens, regarde, là. Il s'appelle bien Ismaël al-Bagdadi ? Il habite en effet le quartier Roussafa à Bagdad, et il est bien apprenti chez toi. Il a dix-huit ans, les cheveux noir de jais et luisants, les mains très fines, mais son corps est rongé par un mal intérieur. Selon mon dossier, ce même mal a emporté son père et son grand-père. Bah, mauvaise hérédité !

— Ismaël est bien le nom de mon employé, reprit en bredouillant le seigneur Hassan. Ce que tu dis est fort étrange en effet. Avant de disparaître, il me paraissait en bonne santé et sa joie de vivre n'a jamais faibli depuis qu'il a été embauché ici comme apprenti.

— À vrai dire, je ne m'inquiète pas pour l'instant, car il me reste plus de dix jours avant d'aller à Samarcande, où je dois cueillir son âme. Ce sera dans treize jours exactement... Croyant échapper à son destin, le jeune homme sera allé m'attendre là où il finira ses jours. Tel est son destin, et nul ne peut s'y dérober !

*

Quelle leçon tire-t-on de ce petit récit ? Le monde créé par Dieu finira quand son heure aura sonné. À coups d'images grandioses, le Coran annonce que la terre tremblera, que les montagnes éclateront, que le ciel se fendra. C'est alors que le son de la trompette retentira et que les morts, aussitôt ressuscités, comparaîtront devant Ozrîn*, l'ange de la mort, avant de s'incliner devant Allah. C'est alors qu'adviendra le jour du Jugement dernier.

Cette histoire a été inventée par le grand mystique Fudayl Ibn Ayad (IXᵉ siècle). Elle montre que la mort est fatalité et qu'il nous est impossible de lui échapper.

Zulfikar
L'épée
Magique

Zulfikar est le nom d'une épée magique qui aurait appartenu à Ali, gendre du Prophète et ancêtre des Chiites. Sur de nombreuses épées retrouvées à Damas, en Irak et ailleurs, on peut lire ces mots gravés : « Il n'est point d'épée que Zulfikar, et point de chevalier qu'Ali. »

Cette histoire se passait il y a longtemps de cela, dans un pays du Croissant fertile, en Mésopotamie, ou peut-être dans la lointaine Indonésie, en Malaisie ou dans le sultanat de Brunéi... à moins que cet endroit n'existe pas, allez savoir, les conteurs ont toujours une imagination débordante, mais ne sont guère précis ! Dans cette belle contrée, une sécheresse implacable s'était abattue sur les hommes, les bêtes et les plantes. Personne n'en avait jamais vu de telle. Elle devait venir de très loin, du désert de Gobi au moins. Ne sachant où trouver de l'herbe pour se nourrir, ni de l'eau pour se désaltérer, les ruminants erraient dans le village de Kissi, perdus, sans vitalité. Nulle goutte d'eau pour les puissants chênes qui bordaient Kissi, les genévriers noueux, les tamariniers qui tutoyaient les nuages et les caroubiers de tante Nour. On voyait des plaques de sel accrochées aux galets. Les lits des fleuves étaient à sec, tout comme les réserves du petit barrage construit en haut de la vallée de Mofou. Les artisans disaient, le regard douloureux : « Les nappes phréatiques sont trop profondes et aucun de nous n'a jamais creusé de puits artésien. »

*

L'eau est une denrée précieuse en terre d'Islam. Faut-il rappeler que la prière collective ne peut s'effectuer sans ablutions et que celles-ci exigent donc de l'eau ? Il fallait à tout prix en trouver pour que le rite puisse s'accomplir sans faille. Il y allait de la pureté des fidèles qui venaient en masse à la petite mosquée blanche, surtout le vendredi et les jours de fête. Allah n'aime pas les croyants qui sont sales et qui portent des vêtements souillés. Il aime que les fidèles redoublent de zèle en se lavant à grande eau. « L'hygiène fait partie de la foi », a dit le Prophète. Sans eau, l'Islam tout entier n'est que champ de ruines !

« L'eau, l'eau, l'eau », semblaient dire aussi les lézards de Kissi, eux que l'on croyait dépourvus de toute sollicitude envers les humains.

L'eau a une longue histoire en Islam. On connaît l'eau de la purification, celle des ablutions et du grand bain. Sans oublier la plus ancienne et la plus sacrée de toutes, l'eau de Zamzam, celle du puits qui a jailli sous les pieds de Hagar, la femme d'Abraham, alors qu'elle en cherchait désespérément pour Ismaël, son fils adoré. Il y a aussi les eaux ordinaires, celles des cultures, celles des pluies diluviennes qui, en Asie, tombent au moment des moussons et celles qui jaillissent des entrailles de la terre. Le Coran dit : « Les incrédules ne voient-ils pas que les cieux et la terre fusionnaient (auparavant) et que nous les avons séparés ? Et nous fîmes vivre toute chose inerte de l'eau (ainsi obtenue). Continuent-ils à ne pas croire[1] ? » Aussi toutes les espèces animales et végétales descendent-elles de l'eau. C'est encore Dieu « qui a créé, à partir de l'eau, l'être humain qu'Il a apparenté à une filiation masculine et féminine. De fait Dieu est le puissant[2] ! »

*

1. Coran, XXI, 30.
2. Coran, XXV, 54.

À Kissi, les habitants étaient pauvres, mais méritants. « Notre richesse, disaient-ils sans jamais perdre le sourire, c'est notre volonté. Or, nos enfants sont travailleurs et honnêtes, personne ne peut nous le reprocher. » Kissi était commandé par Sayyid, un grand cheikh qui devenait vieux. Au début de l'été, Kissi commença à subir la période de sécheresse. Le sirocco* et le khamsin* soufflaient sans arrêt. Cela rendait les habitants malades et apathiques. Les plus fragiles étaient poussés au désespoir. Ce fut le cas de Slimane, un vieux Malgache à la retraite, qui habitait dans l'enfilade des deux seules voies de Kissi et qui était devenu fou : « Le vent du nord rencontre ici le vent du sud, disait-il, et leur mélange est malsain... » Il faut dire que Slimane n'avait jamais pu se résoudre à vivre sans son épouse, bien-aimée, qui était morte du diabète. Seul le cheikh du village, Sayyid, semblait garder son calme et ne pas perdre espoir. C'est bien là, d'ailleurs, la qualité principale des grands sages : ne jamais perdre espoir, et savoir en prodiguer. Le cheikh était un croyant sincère. Il disait toujours que c'était la volonté du Seigneur et que l'être humain ne pouvait rien changer à son sort, que tout était écrit : Mektoub*. Son sourire jovial, ses yeux gris rieurs et surtout son calme impressionnaient ses visiteurs.

— Pourquoi, ajoutait-il, devrais-je perdre espoir puisque nos ancêtres, comme nous aujourd'hui, ont vécu dans cette rocaille lunaire le temps qui leur était imparti ?

*

Le dauphin du grand cheikh, désigné et reconnu par toute la communauté, était un jeune homme appelé Sultan, ce qui signifie « prince ». C'était un chevalier qui voulait devenir grand. Il était aussi beau qu'Ali, le quatrième calife, aussi valeureux qu'un jeune lion, aussi timide qu'un faon. Il respectait les adultes, aimait leur compagnie, mais ne manquait aucune partie de jeu de ballon avec ses amis. L'âme de Sultan était vagabonde, son esprit joyeux. Il était bon et généreux. Sa douceur était proverbiale. Non seulement il ne faisait de mal à personne, mais il lui arrivait de rendre visite à l'improviste aux malades de l'hôpital voisin, aux vieillards grabataires ou aux enfants abandonnés. Sultan sentit que le moment était opportun.

Il voulut distribuer du pain et de l'eau. Si les quignons de pain abondaient, l'eau était rare. Ce que Sultan décida cette nuit-là relevait du plus grand secret. On ne le sut que le jour même : une fois à l'hôpital, Sultan sortit de sa besace des clémentines parfumées de Misserghine, des maltaises dorées, des mandarines de Sicile et des oranges toutes rondes. Il en écrasa une partie directement dans la bouche des vieillards alités. On pouvait même choisir entre les agrumes de Malte, les melons jaunes de Madère et les pastèques de Guerbès. Entre ces pastèques et des pamplemousses d'Espagne...

Le soir venu, le conseil des sages, à l'unanimité, donna pour mission au chevalier Sultan d'aller quérir l'eau où elle se trouvait, de la puiser et de l'acheminer à la population. Une fois le conseil levé, tous les habitants reprirent le chemin de leurs foyers. Ils étaient pensifs et graves. Sultan, lui, ne trouvait pas le sommeil. Il réfléchissait intensément à sa mission qui débuterait au lever du jour. Il lui fallait trouver de l'eau potable afin que les enfants puissent de nouveau boire leur soupe et s'amuser dans le petit lac qui se trouvait derrière le talus. Sultan le jeune guerrier alla trouver son vieil ami de la caverne, Kahin, un ermite qui mangeait à peine et qui méditait sans cesse. Il connaissait le secret des alliages des métaux, celui des plantes médicinales et surtout le secret du feu, car il avait été forgeron dans une première vie.

— Bonjour, mon vieil ami. Je suis venu...

Mais Kahin, qui avait un don de voyance, l'interrompit :

— Tu es venu me demander le secret des alliages, n'est-ce pas, Sultan ?

— On ne peut rien vous cacher, maître.

— Écoute-moi attentivement, mon jeune ami. Retourne au village et apporte-moi ces sept pierres précieuses : or, diamant, saphir, jade, améthyste, rubis et émeraude. Fais une invocation à Dieu de la catégorie de celle que l'on appelle « du'â » et non pas celle qui t'oblige, à la mosquée, à t'agenouiller avec des milliers de gens sans avoir toujours une conviction chevillée au corps. Puis demande pardon à tes parents ; tes oublis et tes promesses non tenues doivent être effacés. Ensuite, tu reviendras me voir.

Lorsqu'il eut reçu les sept pierres précieuses de Sultan, Kahin l'ermite se mit immédiatement au travail. Pendant trois jours et trois nuits, ceux qui passaient auprès de la grotte pouvaient entendre toutes sortes de bruits étranges. Kahin devait polir, raboter, rallonger, raccourcir, malaxer, ajouter tel ou tel métal, effiler, tendre... sans compter les nombreuses formules incantatoires sortant de sa bouche enfiévrée. Chacun se demandait si la magie allait opérer. Tandis que les métaux étaient fondus et que les matières nobles rejoignaient le fer et le zinc, le cuivre et le manganèse, les habitants de Kissi attendaient avec angoisse le jour où ils seraient délivrés de ce mauvais sort. C'est au bout de la troisième nuit seulement, à l'aube, que de l'atelier du mage sortit une épée.

L'ermite Kahin l'offrit à Sultan, qui s'en empara aussitôt, la soupesa, la jaugea et en apprécia le tranchant. Celui qui parvenait à la lever bien haut pouvait percevoir sa solidité car elle paraissait aussi lourde qu'une tonne de plomb. Sultan en serait-il capable ? Le vieil homme comprit l'embarras du jeune homme. Sans dire un mot, il le conduisit dans un coin de son atelier et lui souffla la formule qui devait décupler sa force au point de le rendre apte à se saisir de Zulfikar, l'épée magique.

Après avoir remercié mille fois Kahin et baisé ses deux mains réunies, Sultan se remit en selle et prit la direction de Kissi. Tous les habitants l'attendaient. Sultan prit place au cœur du cercle qui s'était fait autour de lui, se redressa, se concentra et répéta les paroles que Kahin lui avait enseignées. Tout à sa mission, il lança si haut son épée qu'elle s'éleva jusqu'aux nuages, les fendant sur son passage, et qu'à son retour elle s'enfonça si profondément dans le sol que de l'eau fraîche en jaillit, abondante et pure. Et l'épée luisante jaillit encore et encore entre ses mains puissantes. L'épée, qui paraissait si lourde et difficile à manier, une fois projetée dans la nuée semblait légère comme une feuille de roseau. Elle s'élevait au-dessus de la tête des habitants, tournoyait dans les airs, rejoignait le gros nuage qui stationnait au-dessus de Kissi avant de retomber sur le sol. Mais, ô miracle !, en retombant, l'épée de Sultan devenait si lourde, lourde comme du plomb, qu'elle pénétrait dans le sol meuble et le traversait profondément sur une centaine de mètres ! Cette épée était vraiment miraculeuse. Elle était transparente le jour et fluorescente la nuit. Dans le ciel, elle agissait comme un éclair et faisait exploser les nuages. Dans un tonnerre d'applaudissements, les enfants du village purent ainsi boire une eau fraîche et suave. Les plus téméraires se lancèrent dans une baignade sans fin. Même les grandes personnes, d'habitude si réservées, se mirent à danser et à chanter. Tous les bassins du village furent remplis, et chacun put jeter de l'eau sur son voisin comme on le fait durant les grandes chaleurs.

Voici Zulfikar, l'épée magique
Cadeau du ciel de Sidna Ali
Elle frappe le sol, qu'elle dynamite
Fend les épaules de l'ennemi

C'est Zulfikar, l'épée magique
Elle fait jaillir l'eau par stances,
Sultan, et sa fierté énergique
Plus haut, Kahin et sa science

C'est Zulfikar, l'épée magique...
Gens de Kissi et leur constance
D'une forte sécheresse tragique
En ont fait une luminescence

Le soir même, lors de la cérémonie des vieux sages, Sultan fut intronisé chef du village et habillé de pied en cap. On l'appelait désormais « le Magnifique » ! Tandis que tout le monde se congratulait, un autre miracle se produisit. Pour la première fois depuis dix ans, la population de Kissi put entrevoir Kahin, qui sortit de sa grotte pour saluer Sultan. Il portait encore ses vêtements en lambeaux et sa barbe était hirsute. Les habitants, reconnaissants, plièrent les genoux et rendirent hommage au grand maître en sciences alchimiques, le forgeron savant. Ils s'inclinèrent bien bas dans un silence complet pendant plusieurs minutes.

Après avoir joué tout leur soûl dans l'eau qui sortait de la terre, les enfants se calmèrent peu à peu et rejoignirent leurs lits où ils s'endormirent aussitôt. On pouvait voir, sur leur visage angélique et insouciant, un beau sourire accroché aux lèvres. Demain, leurs mères le leur avaient promis, ils plongeraient de nouveau dans le petit lac artificiel et joueraient avec l'eau, ils rempliraient leurs seaux et leurs gourdes, ils reviendraient trempés. La fierté se lisait sur le visage de tous les habitants. Kissi renaissait. Grâce à Sayyid, puis Kahin, et maintenant Sultan le Magnifique.

Les thèmes de ce conte sont le respect entre les générations, l'amour du prochain, la camaraderie. Ils traduisent le fait d'être satisfait de soi-même. Aussi l'amitié, la solidarité, l'autocritique et la sincérité sont-elles des qualités demandées aux jeunes pour s'accepter tels qu'ils sont.

Au paradis, tous les matins, les anges quittent leur palais doré, traversent les quatre fleuves magiques et rejoignent l'assemblée des anges qui, comme chaque matin, se réunit dans l'agora nimbée de nuages. En traversant les allées ombragées, on peut voir une fille vêtue d'une tenue splendide d'or et d'argent. C'est une cape qui brille de nuit comme de jour. Elle est assise sagement, les yeux rêveurs, le visage paisible. Ses bras et ses jambes forment comme une corolle autour d'un panier de fleurs multicolores. Son nom est Shiraz.

*

Shiraz est le nom d'un ange féminin qui vient d'arriver au paradis d'Allah, Jannah*. Elle aime se teindre les mains et les pieds d'une poudre brunâtre qui s'appelle alhenna*. Or un proverbe marocain dit, en faisant jouer la rime entre les mots arabes, que le henné est la terre du paradis.

— Dis-moi maman, pourquoi appelle-t-on cette plante : « terre du paradis » ?

— Parce qu'elle est le lien entre une maman et sa fille, la maman teignant les mains de sa fille. Une fois devenue grande, la fille teindra les mains de sa fille, et sa fille à elle fera de même, ainsi de suite jusqu'au cœur de la terre et de là jusqu'au paradis.

— Mais le paradis est difficile d'accès, maman, et n'y accèdent que les filles qui se sont bien comportées sur terre.

— Oui, ma fille, tu as raison. Le paradis est bien loin, mais chaque fille en respectant sa maman et ses amies peut y accéder dès maintenant. Ne dit-on pas que « le paradis est sous le pied des mamans » et que souvent les petites filles deviennent mamans quand elles grandissent ?

— Je comprends ! Si je respecte ma maman, ma maman me respecte, si je respecte mes copines, mes copines me respectent. Et c'est alors que je pourrai aller au paradis.

Shiraz sait-elle que l'endroit où elle se trouve est le paradis ? Et cette Shiraz-là est-elle bien la Shiraz que nous connaissons sur terre ou est-ce un ange ? Et si c'est le cas, pourquoi ses camarades ne sont-elles pas avec elle ? Le paradis est un lieu de magie.

À l'instant où ces pensées traversent son esprit, ses amies se matérialisent et se présentent devant elle. Elles sont toutes là : Warda, Yasmine, Shanaz, Layla, Bayda et même Kawthar.

Chacune d'elles porte une fleur. Il y a des roses, des jasmins, des tulipes, des œillets, des narcisses et du mimosa... Shiraz n'en croit pas ses yeux, elle est impressionnée. À chacune, elle offre une belle fleur de son panier. Les siennes sont faites de lumière, elles sont plus belles et plus variées que tout le bouquet de ses amies.

Puis elle dit :

— À Warda, j'offre un fil rouge, symbole du lien et de l'amitié.

— À Yasmine, j'offre une corbeille d'encens qui embaume la terre et le ciel.

— À Shanaz, j'offre un disque mystérieux qui s'ouvre la nuit et se referme le jour.

— À Layla, j'offre la nuit noire et ses étoiles étincelantes.

— À Bayda, j'offre le jour et son soleil rayonnant.

— À Kawthar, j'offre l'un des fleuves du paradis. Vous irez boire le miel et le lait, l'eau claire et le gingembre. Toutes ces substances y seront abondantes. Il y aura des anges et des fées qui goûteront à son eau suave. Toutes les bonnes âmes qui ont trimé sur terre, toutes celles qui ont fait la moindre aumône à une personne démunie, toutes celles qui ont eu une pensée pour leur camarade alité ou pour leurs parents iront au paradis. Ma corbeille contient autant de fleurs que de qualités. Elles se cultivent dans la tête et surtout dans le cœur. Chaque battement de cœur les arrose de sa joie et de sa force. Je suis un livre ouvert sur le ciel. Mes mouvements sont des sauts dans l'espace. Mon désir est exaucé sur-le-champ, mais je ne fais que du bien et jamais de mal.

*

Les filles sont intriguées. Elles ne savent pas qu'elles sont au paradis et que leur amie n'est pas une fée.

— D'où viennent tous ces cadeaux somptueux, lui demandent ensemble Kawthar, Warda et Bayda.

— Toutes les merveilles que vous voyez là vous appartiennent, ainsi qu'aux jeunes filles et aux jeunes garçons qui respectent leurs parents. C'est la bénédiction des parents qui agit pour nous tel un philtre puissant. Leur amour, leur tendresse, la tendresse de ceux qui nous soignent, la beauté de ceux qui nous élèvent et qui nous conduisent dans la vie. Tout cela est une parcelle de la vie du paradis. Car, vraiment, croyez-moi, il n'y aura pas de paradis pour ceux qui ne le méritent pas. Le ciel est compatissant avec les bons et sévère avec les méchants.

Yasmine dit :

— Mais je n'ai pas de parents. Comment faire pour gagner tout cela ?

Shiraz lui répond :

— Ceux qui n'ont pas de parents sont protégés par Dieu. N'a-t-il pas dit dans le Coran : « Vous n'adorerez que Dieu, vous ne ferez de bien qu'aux parents, aux proches, aux orphelins et aux pauvres[1] ? »

Warda, la Rose, demande :

— Et lorsque nous n'avons qu'un père ou une mère et que nous vivons loin de l'autre parent ?

— Dieu a dit dans le même chapitre que les bienheureux sont ceux qui « usent de bien et de bonté avec tous ». Les parents doivent agir avec humanité envers leurs enfants et, même lorsqu'ils sont séparés, le bonheur de leur enfant doit être préservé. Un enfant est le fruit de l'amour des deux, on ne

1. Coran, II, 83.

peut le diviser, ce que d'ailleurs vos parents ne sauront nier.

Layla dit :

— Mes parents m'adorent et m'achètent tout ce que je désire, mais leur amour n'est pas sincère. Ils m'envoient leurs cadeaux par la poste. Chaque fois que j'en reçois un, il est enveloppé de beaucoup de papier, comme s'ils ne voulaient pas que je l'ouvre. Une fois, il y a même eu un paquet vide, comme si, pressés de l'envoyer, ils n'avaient pas pris le temps de vérifier qu'il y avait bien quelque chose dedans. J'en ai été très affectée.

Shiraz lui rétorque :

— Layla, il faut chercher sa voie dans l'obscurité. N'est-ce pas le sens de ton nom, « la Nuit », un nom prédestiné. Car, s'il y avait une réponse à toutes tes questions, tu serais dans la lumière trop facilement et tu ne ferais aucun effort pour y arriver. Il faut méditer le propos des grands sages : une minuscule bougie éclaire parfois plus qu'un luminaire géant. Peu d'argent peut parfois te mener plus loin sur la route de ton destin qu'une fortune entière. Un seul ami cher est parfois aussi précieux que beaucoup de personnes inutiles... Cherche la signification de tout cela dans la relation que tes parents veulent avoir avec toi. Peuvent-ils vraiment faire autrement ? As-tu cherché à savoir s'ils n'étaient pas contraints d'agir de la sorte ? Si une force ne les empêche pas de te déclarer leur amour directement, de te prendre dans leurs bras, de te dire des mots doux à l'oreille ? Il ne faut jamais juger avant d'avoir bien compris.

Bayda dit à son tour :

— J'ai été abandonnée à ma naissance. Je ne connais pas de vraie famille, et mon nom m'a été donné par la sage-femme parce que, disait-elle, j'étais plus claire de peau que les autres bébés.

Shiraz reprend :

— D'où ce prénom de Bayda, qui signifie « Blanche ». Une sagesse issue du Coran dit que la chance est inscrite sur les visages. Et la blancheur est assimilée au lait que nous buvons tous les jours et qui nous maintient en vie. Elle est aussi une couleur universelle, tous les peuples l'aiment et l'utilisent. Tu veux que je te dise, Bayda !, la matrone qui t'a donnée la vie était ton ange gardien. Elle avait pris cette forme avenante, avec son visage sémillant et ses gestes adroits, mais c'est ta chance à toi. Cet ange-là t'a donné un prénom qui te destine à ne connaître que les beaux moments de la vie et jamais les mauvais. Je crois que tu trouveras ta voie, peut-être en devenant toi-même une grande dame, avec un savoir dans les mains. Ainsi, n'ayant pas eu de famille à la naissance, tu vas créer une famille nouvelle autour de toi. Il y aura des tantes et des grands-mère, des sœurs et des cousines, des cousins et des oncles, des amies et des voisines. Ta famille sera la plus grande et la plus belle.

Shanaz dit à son tour :

— Moi, je suis née heureuse et comblée. Mais je suis née loin. Je rêve de me rendre un jour dans mon pays, qui est le mien, mais aussi celui de mes parents. Mes amies sont ici, mais mes racines sont là-bas. Comment faire pour les réunir ?

Shiraz dit :

— Warda, le pollen aussi voyage pour ensemencer des fleurs comme toi. Il y a dans le voyage un don qui ne se trouve nulle part ailleurs. Car alors tu peux juger par toi-même ce qui te plaît et ce qui te déplaît. Certains naissent à une époque qui n'est pas la leur, ils se sentent projetés dans le temps. D'autres naissent dans des lieux qui ne sont pas les leurs. Ils ne sont pas décalés dans le temps, mais dans l'espace. Toi, tu penses que le pays de tes parents est celui qui te manque le plus mais, une fois arrivée là-bas, tu constateras que celui dans lequel tu vis actuellement est aussi important. Mon conseil est le suivant : il ne faut jamais accorder moins d'importance à ce que l'on possède déjà. Ton espoir ne sera peut-être pas réalisé comme tu le souhaites. Pour ne pas manquer ailleurs, il faut accepter de manquer ici. Ce sont là des émotions que seules les grandes personnes connaissent, car elles ont eu le temps de voyager.

Kawthar est la dernière à prendre la parole. Elle dit à Shiraz :

— Je t'ai écoutée et tu me parais connaître toutes les réponses du monde. Mon nom est celui que l'on utilise pour désigner le fleuve du paradis, et pourtant je n'ai connu jusqu'à maintenant que la solitude et l'absence. Je ne suis pas heureuse, car mes amies ne viennent pas me voir et personne ne visite ma maison. Elle est si vaste ma maison, avec des chambres partout, des coursives, des escaliers qui montent et qui descendent, des greniers et des caves. Il y a même un immense jardin tout autour, avec du lierre et des plantes grimpantes, de la végétation partout. Les oiseaux chantent au-dessus de ma tête et semblent vouloir me dirent quelque chose. Une rivière se trouve non loin de là, et il m'arrive, lorsqu'il fait trop chaud, de m'y baigner. Mais lorsqu'on se baigne seul, le plaisir est incomplet. J'aimerais que des amies viennent me voir sans cesse. Cette solitude me pèse tant... Cela me rend si triste !

Shiraz conclut :

— Kawthar, Dieu veut t'éprouver. Tu es entourée de tout ce que désirent toutes les filles ici présentes, sans l'avoir sous la main. Toi, tu es née dans une famille fortunée, mais sans frère ni sœur. Aujourd'hui, tu réalises que le bonheur n'est pas seulement dans les biens que tu possèdes, mais aussi dans la rencontre avec tes amies, la joie de partager, celle de recevoir, et tes parents sont trop occupés pour penser à tout cela. Ils n'ont pas de temps à te consacrer. C'est cela, ta mise à l'épreuve. Il te faut surmonter cette fatalité. La solitude est un bien pour ceux qui espèrent. Elle fortifie le courage et développe l'intériorité. Si toi, tu ne peux vivre sans la présence des filles de ton âge, sache qu'il y a des êtres qui voudraient vivre un peu à l'écart. Robinson Crusoé a démontré que la solitude développait l'imagination. Elle est un point de départ et non pas un point d'arrivée.

Et puis, s'adressant à toutes les filles, Shi-raz leur dit :

— Mes chères amies, écoutez-moi bien. Notre recherche consiste maintenant à aller l'une vers l'autre. Chacune doit réconforter sa voisine. Il faut oublier les souffrances passées, sans les nier. À partir de ces expériences, vous tracerez votre chemin. Il sera long et exigeant, mais vous vous en sortirez fortifiées. Promettez-moi de vous assister mutuellement, de vous écouter, de vous entraider. Vous savez maintenant qu'avoir une famille est une chose sérieuse et importante. Celles qui n'en ont pas rêvent d'en avoir ; celles qui en ont une ne sont pas pleinement satisfaites, et parfois, comme c'est le cas de Kawthar, on a une famille qui semble nous ignorer. Mais c'est faux ! Par vos qualités propres, vous pouvez imaginer votre famille idéale et la composer selon vos goûts. Mais, toujours, vous saurez que le bonheur que vous avez reçu dépend en partie d'autrui. Ayant compris cela, vous pourrez donner autant que recevoir.

*

Ensuite, Shiraz claque du doigt, et voilà que sept magnifiques carrosses apparaissent, chacun tiré par un splendide cheval ailé. Les filles ne peuvent les regarder en face, tant ils brillent de partout. Sont-ils faits de feu et de lumière ? La question est sur les lèvres de Kawthar, Bayda, Layla, Shanaz, Yasmine et Warda, mais aucune ne peut la formuler.

Shiraz interrompt leurs conciliabules :

— Voici vos carrosses, mesdemoiselles. Ils symbolisent le chemin que vous allez choisir. Chacune d'entre vous est libre de prendre celui qu'elle désire. Le carrosse avec son cheval ailé l'emmènera à l'endroit même où elle pense trouver son bonheur. Grâce à cette baguette magique, chacune d'entre vous peut se composer la famille idéale. Celle qui n'a pas connu ses parents peut aller à leur rencontre, il suffit qu'elle le demande à son cheval. Celle qui est trop choyée par ses parents leur expliquera sa volonté de voler de ses propres ailes et de ne pas dépendre d'eux. Mais sachez une chose, il n'y a pas de parents heureux du malheur éprouvé par leur progéniture. Si l'enfant est malheureux, c'est que ses parents souffrent d'une douleur qu'il ne connaît pas et que ces mêmes parents, peut-être, ne connaissent pas non plus. Parfois, les enfants peuvent aider leurs parents à se libérer de leurs enfants. Partir est donc une responsabilité que chacune d'entre vous doit prendre en fonction de ses besoins et de ses désirs. Le mieux, maintenant, est que vous alliez là où votre destin vous appelle. J'ai la mission de vous libérer de vos chaînes, de vous rendre à vous-même et de vous doter d'un pouvoir exceptionnel, mais très risqué. Ce pouvoir est le suivant : vous pouvez vous offrir une famille parfaite et sans problème. Toutefois, il vous faudra bien doser vos désirs, car un petit problème peut en cacher un grand, et, alors que l'on croit se doter d'une famille à sa mesure, elle peut se révéler inhumaine et sans vie. N'utilisez ce pouvoir que si vous êtes parfaitement convaincues de son utilité, car la beauté d'une famille est parfois liée à la beauté de chacun de ses membres, avec ses qualités et ses défauts, ses grandeurs et ses limites. Mon expérience me dit que l'acceptation de sa situation et de son sort reste la meilleure façon de réussir dans la vie... Mais vous êtes seules juges. Que Dieu vous garde en sa bénédiction !

Aussitôt Shiraz se dématérialise et disparaît.

La morale de l'histoire, c'est que les désirs les plus fous ne sont pas forcément ceux qui conviennent le mieux. Parfois, il vaut mieux ne pas ouvrir trop vite la boîte de Pandore. Et laisser ses désirs, si attirants soient-ils, inaccomplis. Mieux vaut tenir que courir, dit le proverbe, mais on peut ajouter ceci : Un bonheur limité vaut mille promesses et, lorsqu'une promesse est satisfaite, elle a la même valeur que toutes les richesses.

l'ascension
au ciel

La légende raconte qu'en l'an 615, le vingt-septième jour du mois de radjab, le Prophète de l'islam rejoignit le septième ciel. Les Arabes appellent cette ascension miraculeuse al-mi'raj*. Le voyage se déroula de nuit. Sur son cheval ailé, le Prophète fut d'abord transporté de La Mecque jusqu'à Jérusalem puis de là jusqu'au ciel. La première partie de son voyage s'appelle al-isra*, la seconde al-mi'raj. Comme au moment de la Révélation, l'ange Gabriel guida le Prophète.

On lit dans le Coran : « Gloire à celui qui a fait voyager de nuit son Serviteur, de la mosquée sacrée à la mosquée lointaine, dont nous avons béni les alentours, afin de lui faire voir nos signes[1]. » L'idée du voyage nocturne est née là. Un voyage fantastique, riche en rebondissements – et l'infini qui semble

1. Coran, XVII, 1.

enfin à portée de main. C'est ce que nous allons raconter en nous appuyant sur les anciens auteurs arabes et sur des récits populaires. Ce rêve fantastique nous entraîne dans des directions vertigineuses.

Nous allons écouter ce que nous dit le Prophète.

« **U**n ange descendit sur ma maison alors que j'étais encore à La Mecque. Il perça le toit de celle-ci, et Gabriel, l'archange bien-aimé, se faufila dans cette brèche. Gabriel était aussi blanc que neige, peut-être était-il transparent et gracile comme la soie. Il fendit ma poitrine et lava mes entrailles avec une eau pure venue de Zamzam, la fontaine sacrée située dans les alentours du temple. Il apporta ensuite une aiguière en pierres précieuses dans laquelle se trouvait une part de sagesse et de connaissance et une part de foi. Il vida tout cela dans ma poitrine encore grande ouverte. Ayant terminé, il procéda aux rituels célestes, ferma ma poitrine en passant sur moi une main légère comme du coton, puis se redressa.

Mon rêve est précis comme un testament écrit. Je le suivis dans son mouvement. Quand nous fûmes tous les deux debout, il me pria de prendre place sur un cheval ailé dont j'avais remarqué les bizarreries, car Dieu avait décidé en sa puissance de faire de moi un témoin de son œuvre céleste. D'abord, je me suis posé la question : Pourquoi n'était-ce pas un char ailé comme dans la mythologie grecque ?

Al-Bouraq – oui, c'est le nom de mon cheval, ce qui signifie "l'Éclair" ou "la Foudre" – était ni gros ni petit, ni haut ni bas, ni cheval ni mule. Il avait une tête qui n'était ni celle d'un animal ni celle d'un humain. Mon cheval ailé, qui tenait de la jument et de la mule, et peut-être aussi de l'ânon et du chameau, ne dormait jamais. Il ne se plaignait ni de la chaleur, ni de la fatigue, ni du froid. Il ne se plaignait ni de la faim ni de la soif. Tel était le cheval de feu et d'air qui me servait de monture. Il était valeureux, docile, tout en muscles, lumineux et fort bien bâti. Al-Bouraq était vraiment extraordinaire !

"Un cheval à tête d'homme ?" me dis-je encore dans le rêve, tout étonné qu'une telle pensée me traverse l'esprit tandis que je dormais à poings fermés. À vrai dire, j'avais raison de me faire cette réflexion, car mon cheval avait bien la tête d'un être humain, mais était-il une femme ou un homme, un jeune homme fougueux ou une vieille personne impotente ?

Une fois monté sur mon cheval, qui est aussi une mule à tête humaine, le convoi s'ébranla en direction du nord. Au début, nous suivîmes une route que je connaissais bien, mais très vite Gabriel décida de changer de hauteur et de point d'horizon.

Nous naviguâmes dans les airs, dans un paysage cotonneux qui n'avait aucune ressemblance avec les pistes du Hedjaz. J'étais fort surpris de la légèreté avec laquelle j'étais emmené vers Hébron, en Palestine, puis vers Bethléem, la demeure du Christ, un prédécesseur que j'ai toujours voulu rencontrer, en vain. Ce fut seulement à la fin de notre trajet terrestre que nous mîmes le cap vers Jérusalem.

Là, je pris tout mon temps pour faire une pause et me remettre de mes émotions avant de procéder à une ultime prière terrestre. Al-Bouraq, très calme, me regardait faire, et Gabriel n'était plus là. Le temps de la prière me parut très long, et les derniers moments entre La Mecque et Jérusalem me semblèrent d'un grand prix.

"Quand aura lieu le grand départ, me dis-je, un peu inquiet, à la fin de la prière. Gabriel va-t-il revenir ? A-t-il oublié l'ordre de mission que Dieu lui a assigné au début de la journée ?"

Je n'avais pas fini de me formuler la chahada*, que sept péris* se présentèrent à moi. Il s'agissait de Hassa, Massa, Schade, Naç, Qasim, Ans et Aq-Jdam. Ils me demandèrent de leur présenter l'islam, la profession de foi, les rituels, l'Au-delà. Ce que je fis sans réfléchir. Ils me dirent alors :

— Peut-on embrasser l'islam ?

Je leur dis :

— Vous y êtes !

Ils me dirent :

— Nous ferons un appel auprès de tous les anges du ciel, qui embrasseront l'islam avec nous.

Ils repartirent aussitôt et je ne les revis plus jamais. À peine le groupe de péris avait-il quitté mon rêve que l'archange Gabriel réapparut devant moi et me pria de reprendre ma place sur Al-Bouraq. Je me redressai d'un seul coup et le cherchai. Il était non loin de moi, sellé et prêt à repartir dans les cieux. Tout ce qu'il y a de plus fabuleux dans la race chevaline se trouvait porté chez Al-Bouraq à son niveau le plus élevé.

Nous quittâmes donc Jérusalem et, sans plus tarder, nous nous dirigeâmes vers le septième ciel. "C'est bien cela l'ascension", me dis-je, ébloui et émerveillé. Une fois le premier ciel visité, nous irions au deuxième, au troisième et, ainsi de suite, jusqu'au dernier. Une expédition plus difficile que celle du Kilimandjaro...

Un cheikh grammairien de ma tribu m'apparut en rêve : "Les Arabes, me dit-il, ont emprunté le mot mi'raj aux Éthiopiens, lesquels ont peut-être trouvé ce sens dans l'échelle de Jacob."

Nous traversâmes la nuée sans difficulté. Peu de temps après une durée que je ne peux évaluer, je me trouvai aux abords du premier ciel, le plus proche de la terre. À sa grande porte, je vis deux anges en tenue d'apparat et je compris que mon ascension

était attendue. Ils étaient vêtus de costumes d'émeraude et de saphir. Autour d'eux se tenaient plusieurs
centaines de petits angelots noirs aux yeux rouges.

— Est-ce donc un grand honneur pour les anges
de me recevoir ? Me voilà bien à mon aise si le
cosmos tout entier s'étend devant moi et étale à
mon arrivée un tapis si transparent !

Gabriel me dit :

— Ce sont les deux anges de la mort. Ils gardent
l'enfer. Les petits anges autour d'eux forment leur
armée. Ils ne te feront pas de mal.

Un des anges de l'enfer demanda à Gabriel si j'étais
bien Mohammed, le Qoraychite. Il avait entendu
parler de ma mission, mais ne m'avait jamais vu
d'aussi près.

— C'est bien lui, répondit avec une certaine
fierté l'ange Gabriel.

La porte coulissa sur ses gonds, et le ciel me fut
offert dans toute son entièreté.

Or, sitôt franchie la porte du ciel, je reconnus
Adam, qui riait et qui pleurait à la fois. Étrange !

— Pourquoi pleures-tu un moment et pourquoi
ris-tu le moment d'après ? lui demandai-je.

— Ô Mohammed ! te voilà parmi nous ! Que
Dieu te rende grâce des bienfaits que tu as réalisés
sur terre. Si je ris et pleure en même temps, c'est
que mes proches compagnons que tu vois là sont
pour moitié destinés à l'enfer et pour l'autre au

paradis. Comme ma nature est sensible, je compatis avec les uns et me réjouis avec les autres.

Je remerciai Adam de ses explications et, sur un geste de Gabriel, mon cheval se mit aussitôt en route, car le chemin était encore long.

*

Je ne peux vous raconter ce qui m'arriva pendant le trajet, ce serait vraiment trop long. Sachez que nous parvînmes bientôt au deuxième ciel, puis au troisième, au quatrième, au cinquième et au sixième. Je fis successivement la connaissance de Jean, de Jésus, de Joseph, d'Idris, d'Aaron et de Moïse.

— Qui donc est au septième ciel ? demandai-je à Gabriel, tout absorbé dans ses calculs de navigation.

Il me regarda d'un air doux et compréhensif, presque tendre. Il savait, lui, que je brûlais d'impatience de connaître l'heureux Élu du septième ciel. À ce moment précis, Al-Bouraq s'élança dans une vrille qui faillit m'éjecter dans le vide intersidéral. Quelle frayeur ! Enfin, dans un dernier crissement de sabots, me voilà devant notre Patriarche à tous, le grand Abraham. Il était calme comme à l'accoutumée, adossé l'air de rien à "la Demeure habitée", dite aussi "Demeure garnie". Abraham avait de l'expérience, cela se voyait tout de suite, mais où était passée sa barbe ?

— C'est Moïse qui a une grande barbe blanche, me dit, en chuchotant, mon cheval Al-Bouraq.

"Tiens, voilà que mon cheval se met à parler maintenant. Étrange règne que le règne animal", me dis-je. Ils sont capables de tout, et rien ne nous étonne quant à leur force physique et à leur caractère, mais dès qu'ils se mettent à parler on est tout chose. C'est vrai que certaines espèces sont aussi vieilles que les humains... Pourquoi ne parleraient-elles pas ?

Le voyage n'était pas terminé. Il restait encore un dernier niveau, au-delà du septième ciel, celui du lotus de la limite. On l'appelle aussi jujubier de la limite.

La tradition a voulu que cette limite extrême soit un arbre miraculeux appelé Touba*, qui étend ses branches de part et d'autre de l'univers et qui embaume l'ambre et le musc. Les anges-scribes se tiennent au plus haut de cet arbre, ils notent au moyen d'un calame les bonnes et les mauvaises actions des hommes. Le tronc noueux de cet arbre reçoit un couple de chaque espèce vivante, et de ce tronc émergent quatre fleuves célestes. Deux irriguent la terre : le Tigre et l'Euphrate ; deux autres irriguent le paradis, c'est Kawthar* et Salsabil*.

Alors Gabriel me dit :

— Ô Prophète ! tu es arrivé au lotus de la limite, tout couvert de couleurs. Le paradis est devant toi. Va, entre.

Alors j'entrai. Le paradis était orné de coupoles de perles en grand nombre et le sol était fait de musc. »

*

Le Prophète se réveilla alors, en nage. Un terrible coup de canon retentit dans sa tête, qui sembla sur le point d'exploser. Il avait vu le Seigneur Dieu sans intermédiaire. Il l'avait vu s'adresser aux anges et aux prophètes ressuscités. Une apparition magnifique, un trône immense, une luminosité aveuglante. La salle d'audience était aussi vaste que la terre et l'océan réunis, ses murs étaient recouverts d'or, de rubis et d'émeraude. Il y avait aussi des perles colorées et des étoffes de soie et d'argent. Croyant, le Prophète l'était depuis toujours, mais il était devenu le confident de Dieu.

Car il est dit dans les annales des Anciens que jamais, de mémoire d'homme, on n'avait fait un voyage aussi somptueux que celui de l'ascension au ciel.

POUR EN SAVOIR PLUS...

GLOSSAIRE DES MOTS ARABES

Aïd el-Kébir : grande fête musulmane. En Afrique, on l'appelle Tabaski. Aïd signifie « fête ». La petite fête est dite Aïd as-saghir.

Aïssaouas : nom d'une confrérie du Sud marocain.

Al-Bouraq : nom du cheval ailé sur lequel le Prophète effectua son voyage nocturne.

Al-henna : voir « henné ».

Allah : nom du dieu de l'islam.

Ankabût : araignée. Nom de l'une des sourates du Coran.

Baraka : bénédiction, ensemble des bienfaits.

Boutre : petit navire arabe, anciennement utilisé sur la mer Rouge et sur le Nil.

Chahada : formule sacrale de l'islam. Elle porte témoignage de l'unicité divine et de la prophétie de Mohammed.

Cheikh : sage. Se dit d'un homme d'un certain âge. C'est une marque de respect.

Chorfas : pluriel marocain de chérif, « noble ».

Couchant : voir « Maghreb ».

Derviche : de l'arabe *Darwich'*, qui veut dire « fou ». Ici, signifie « fou de dieu », mystique.

Diwan : nom d'une séance pédagogique à la mosquée ou dans le palais. Désigne aussi une rencontre poétique, ce qui a donné le mot divan, canapé sur lequel on écoute un discours.

Djinn : nom donné à des êtres surnaturels de l'islam, semblables aux sylphes des légendes celtes et germaniques. Sortes de démons.

Faqir : ascète musulman.

Hadith : paroles du Prophète rapportées par la tradition.

Hajj : pèlerin musulman ou le pèlerinage lui-même. Une femme qui s'acquitte du pèlerinage s'appelle hadja.

Hammam : bains chauds initialement construits dans les grandes mosquées. Aujourd'hui les hammams font partie des équipements urbains de chaque ville orientale. L'usage s'est répandu en Occident.

Henné : poudre obtenue de l'écorce et des feuilles séchées d'un arbuste qui pousse en Orient (famille des lythracées).

Hijra : fuite-émigration du Prophète de La Mecque à Médine. Il a donné son nom à l'hégire, le calendrier musulman, qui suit les cycles de la lune.

Incha'Allah : « Si Dieu le veut ! » Cette expression symbolise la puissance divine.

Isra : voyage mystique du Prophète entre La Mecque et Jérusalem.

Jannah : nom du paradis musulman.

Kaaba : temple sacré de La Mecque. Le mot *kaâba* signifie en arabe « cubique ».

Karibu : « bienvenue », mot de la langue kiswahili parlée aujourd'hui sur la côte orientale de l'Afrique, au Kenya et en Tanzanie, soit entre Dar-us-Salam, Zanzibar et Mombasa.

Kawthar : nom d'un fleuve du paradis.

Khamsin : nom d'un vent chaud d'Égypte et du Soudan.

Kiswa : littéralement « nouvel habit ». Nom du voile noir brodé qui couvre le temple sacré de la Kaaba, à la Grande Mosquée de La Mecque.

Koubba : coupole. Celle des mausolées, des mosquées et des petits oratoires maghrébins.

Maghreb : littéralement « le Couchant », nom des pays arabes du nord de l'Afrique.

Marhaba : « bienvenue » en arabe.

Méchoui : littéralement « grillé au feu ». Mouton ou agneau entier rôti à la braise sur un feu de bois ; le repas où l'on sert ce plat.

Mektoub : littéralement, « C'est écrit ! »

Mi'raj : voyage mystique du Prophète Mohammed de Jérusalem jusqu'au ciel.

Minbar : chaire de prédicateur.

Mounkir : l'un des deux anges-scribes de l'Au-delà. Voir « Nakir ».

Nakir : l'un des deux anges-scribes de l'Au-delà. Voir « Mounkir ».

Naqchabandiyya : nom d'une confrérie soufie nommée d'après son fondateur.

Ormûz : nom donné ici à un monstre marin. Également nom d'un détroit entre l'Iran et la péninsule Arabique.

Ozrîn : personnage le plus redouté de l'Au-delà.

Péri : mot iranien, sans doute d'origine indienne, signifiant « ange » ou « fée ».

Qalandariyya : nom d'une secte de derviches orientaux, popularisée par *Les Mille et Une Nuits*.

Raïs : chef, responsable, président. On dit aussi sayyid, maître, seigneur.

Razzia : nom de la guérilla bédouine, composée d'attaques éclairs et de pillages accompagnés de destructions.

Salsabil : nom d'un des fleuves du paradis.

Sebkha : lac d'eau salée.

Senoussis : nom d'une confrérie religieuse de Libye, toujours active.

Sirocco : nom d'un vent du désert saharien, très chaud et très sec.

Smala : ensemble de la grande maison d'un chef arabe, comprenant sa famille, ses employés, ses tentes et ses animaux.

Soufi : mystique musulman.

Sourate : nom des chapitres du Coran, qui en compte 114.

Touba : nom d'un arbre merveilleux du paradis.

Tour de Babel : nom d'une tour mythique qui, selon la Bible, aurait été construite par les fils de Noé pour atteindre le ciel. Elle contenait tous les peuples et toutes les langues.

Zamzam : nom d'une source sacrée située près de La Mecque et qui continue encore à alimenter les pèlerins de sa bienfaisance.

Zayna : nom de femme, « la Belle ».

Brève notice sur l'islam

❋

L'islam est une religion qui croit en un seul dieu, appelé Allah ; c'est un monothéisme. Son prophète est Mohammed. Il est né à La Mecque en 570 ou 571 après Jésus-Christ. Il est mort à Médine en 632. Mohammed a transmis aux musulmans un livre appelé Coran. Les cinq règles principales de l'islam sont : la profession de foi (« Il n'y a de dieu que Dieu et Mohammed est son Prophète »), la prière, le jeûne, l'aumône et le pèlerinage à La Mecque. Selon la doctrine de l'islam, il existe des anges et des démons, un paradis et un enfer, un Jugement dernier et une Résurrection. L'ensemble des paroles, des actions de Mohammed et de la tradition qui les rapporte (hadith) s'appelle la sunna et comporte un ensemble de règles de conduite appelé charia, ou loi islamique, applicable aux musulmans.

Le calendrier musulman, appelé hégire, débute en 622, ce qui signifie que l'islam a 1 429 ans d'âge. Il faut tenir compte du décalage avec l'année lunaire qui est réduite de dix jours et demi par rapport à l'année solaire.

Il y a environ un milliard deux cents millions de musulmans dans le monde. La plupart des musulmans habitent le Maghreb, le Proche-Orient et l'Asie, où ils sont majoritaires, comme en Indonésie, en Malaisie et au Pakistan. Les sunnites représentent 85 % de la communauté musulmane, la Umma, tandis que les chiites ne sont que 12 %. Les 3 % restant s'appellent les Kharédjites (ou Ibadites) et se trouvent principalement dans le Sultanat d'Oman, à Djerba et en Algérie.

MALEK CHEBEL

L'auteur est anthropologue et historien de l'islam. Il est notamment l'auteur de : *Le Coran raconté aux enfants* (Le Petit Phare), *Mahomet et l'islam* (Casterman, coll. « Quelle histoire ! »), *L'islam expliqué* (Perrin), *L'islam et la raison : le combat des idées* (Perrin, coll. « Tempus »), *Le corps en islam* (PUF, coll. « Quadrige »), *Traité du raffinement* (Payot), *Encyclopédie de l'amour en islam : érotisme, beauté et sexualité dans le monde arabe, en Perse et en Turquie* (Payot), *Le sujet en islam* (Seuil), *L'imaginaire arabo-musulman* (PUF), *Dictionnaire des symboles musulmans : rites, mystiques et civilisation* (Albin Michel), *Manifeste pour un islam des Lumières : 27 propositions pour réformer l'islam* (Hachette Littératures).

HASSAN MASSOUDY

L'illustrateur de la couverture est né en Irak en 1944. À partir de 1961, il travaille à Bagdad avec des calligraphes, où il apprend son métier. En juin 1969, il vient à Paris et entre à l'École des Beaux-Arts où il va découvrir et aimer les couleurs de Léger, la lumière de Matisse et l'aspect dramatique de la ligne et de la forme dans l'œuvre de Picasso.

Les créations d'Hassan Massoudy sont le fruit d'une rencontre entre le passé et le présent, entre l'art oriental et l'art occidental, entre la tradition et la modernité.

TABLE DES MATIÈRES

❋

PASSION CHEVAL

Partez pour des chevauchées
aux quatre coins du monde
où l'aventure se vit au galop.
Des romans aux accents de liberté...
pour tous les passionnés de chevaux !

TITRES DÉJÀ PARUS

Flammarion jeunesse

CHEVAL FANTÔME
Tome 1 : L'étalon sauvage
Terri Farley

Quelle joie pour Sam de revenir chez elle après deux ans
d'absence due à un grave accident de cheval !
Pourtant, Blackie, son premier et seul cheval,
lui manque terriblement : nul ne l'a revu depuis
l'accident... Soudain, un étalon d'argent surgit devant Sam,
plus beau et plus sauvage que les autres : est-ce un signe ?
Blackie est-il revenu aussi ?

« Il était plus beau que tout ce qu'elle avait jamais vu, un
cheval dragon argenté, tissé de rayons de lune
et de magie. »

Flammarion jeunesse

CHEVAL FANTÔME
Tome 2 : **Un mustang dans la nuit**
Terri Farley

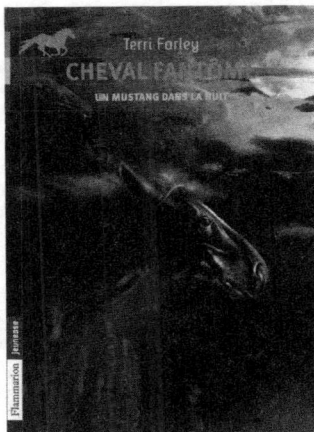

Une nuit, un étalon sauvage vient rôder près du ranch de
Sam. Elle ne reconnaît pas Fantôme,
son cheval bien-aimé qui a désormais retrouvé la liberté.
Mais lorsque les troupeaux de la région sont attaqués par un
cheval sauvage, tout le monde
soupçonne Fantôme.
Au village, une battue s'organise...
Sam doit sauver Fantôme !

« Tel un arbre renversé couvert de givre, les branches de
l'éclair illuminaient de leurs zébrures la toile noire tendue
derrière lui. Le Fantôme était de retour ! »

Flammarion jeunesse

CHEVAL FANTÔME
Tome 3 : Une jument dans les flammes
Terri Farley

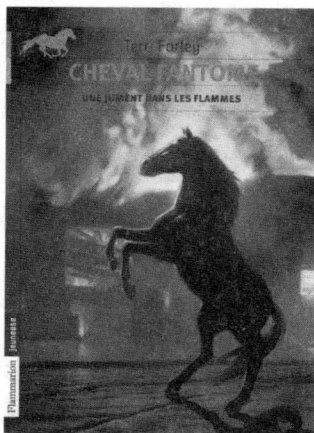

Que se passe-t-il dans le Canyon Perdu ?
Depuis plusieurs jours, d'étranges fumées blanches
s'en échappent. Avec Caïd, son jeune mustang, Sam décide
de mener l'enquête. Elle découvre que des voleurs
de chevaux sévissent dans la région.
Le troupeau du Fantôme est en danger.
Sam réussira-t-elle à le sauver ?

« Mettant des jambes, Sam fit partir Caïd au galop, pour
essayer d'aller couper le chemin au fugitif. »

Flammarion **jeunesse**

CHEVAL FANTÔME
Tome 4 : Le cheval rebelle
Terri Farley

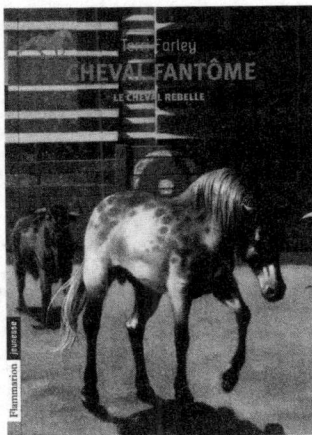

Sam a des raisons de se faire du souci.
Avec la sécheresse, le ranch de son père a du mal à tourner,
et ils doivent trouver de l'argent.
Pour ne rien arranger, Sam apprend qu'une société de rodéo
s'est installée dans la région et recherche des chevaux. Une
fois de plus, le Fantôme et son troupeau sont en danger.
Mais Sam n'a pas dit son dernier mot...

« Où était le Fantôme ? Que ferait Slocum si l'étalon qu'il
avait toujours voulu capturer se trouvait près de chez lui ? »

Flammarion jeunesse

CHEVAL FANTÔME
Tome 5 : **Un poulain dans la tourmente**
Terri Farley

Quand Sam découvre que plusieurs mustangs sont sur le
point d'être abattus, notamment un poulain aveugle, son
sang ne fait qu'un tour. N'écoutant que son cœur, elle décide
de convaincre la propriétaire du ranch des Cerfs
de les adopter. En contrepartie, elle accepte de l'aider. Mais
entre ses corvées au ranch familial et ses devoirs, la jeune
fille ne sait plus où donner de la tête. Elle en délaisse ses
amis et ses chevaux préférés... Sam réussira-t-elle à sortir de
la tourmente ?

« Norman White avait raison : le poulain semblait bien
aveugle et terrifié. »

Flammarion jeunesse

FLAMME, UNE JUMENT DE FEU
Victoria Holmes

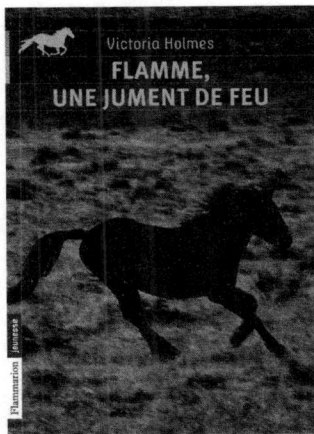

Depuis la mort de ses parents, Maddie, 15 ans, vit avec ses grands-parents. Leur domaine, loin de Londres, manque d'attraits pour la jeune fille. Elle désespère de revoir son grand frère, Théo, parti exploiter une mine de diamants en Namibie. Pourtant, un jour, le jeune homme resurgit.
Il ramène avec lui une jument intrépide : Flamme. Maddie décide de l'apprivoiser. C'est l'occasion pour elle de passer beaucoup de temps avec son frère, qu'elle trouve de plus en plus étrange... Quel secret Théo cache-t-il ?

« Tout ce qui comptait, à présent, c'était de se trouver là, près de ce cheval, sans lui faire peur et sans lui demander plus que sa confiance et son amitié. »

Flammarion jeunesse

LA CAVALIÈRE DE MINUIT
Victoria Holmes

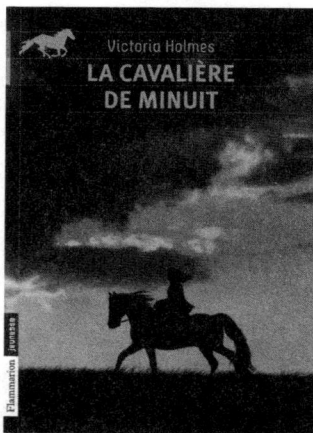

Helena a beau être la fille aînée de Lord Roseby et vivre dans un manoir en Angleterre au XVIIIe siècle, c'est une demoiselle qui n'a pas froid aux yeux ! Sa grande passion, ce sont les chevaux, et en particulier Oriel, un superbe étalon aux sombres teintes acajou. Mais pour une jeune fille de bonne famille, piquer des galops le long de la falaise, ça ne se fait pas ! Surtout quand les trafiquants sévissent sur la côte et menacent la sécurité de tous. Intriguée par cette affaire, Helena décide d'enquêter… au grand galop !

« Helena ne put s'empêcher de poser la question, car le sujet la perturbait. Le village de Roseby abriterait-il, contre toute attente, une compagnie de contrebandiers ? »

Flammarion jeunesse

KATIE ET LE CHEVAL SAUVAGE
Tome 1 : Une rencontre inespérée
Kathleen Duey

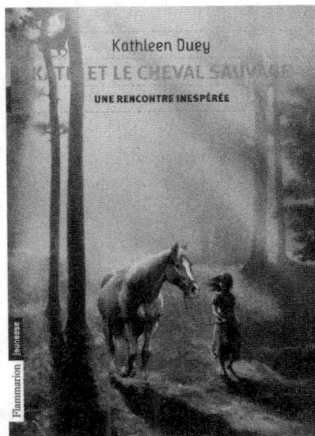

À la mort de ses parents, Katie a été recueillie par les Stevens. Elle consacre toutes ses journées à les aider aux travaux de la ferme. Mais la fillette souffre de sa solitude et rêve d'une autre vie...
Un jour, M. Stevens revient à la ferme avec un cheval sauvage. Katie est la seule à pouvoir l'approcher.
De cette rencontre va naître l'espoir...

« Ne t'en fais pas. Je vais te donner à manger, reprit Katie en avançant dans l'étable sombre. D'accord ? Surtout reste là. Tout va bien. Ne bouge pas. »

Flammarion jeunesse

KATIE ET LE CHEVAL SAUVAGE
Tome 2 : **Un voyage mouvementé**
Kathleen Duey

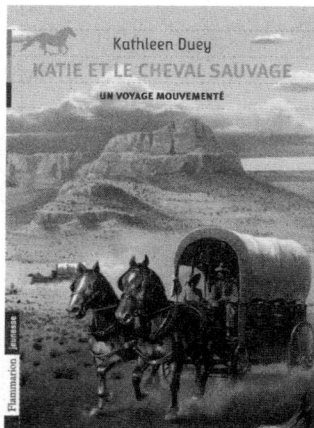

Katie a décidé de partir pour l'Ouest. Elle rêve de rejoindre
son oncle dans l'Oregon. Elle fera le voyage avec son ami
Hiram et le cheval sauvage qu'elle a apprivoisé.
Sur la route, ils rencontrent la famille Kyler
qui leur propose de se joindre à eux.
Katie semble avoir trouvé le bonheur mais un
accident vient remettre le voyage en question...
Katie devra-t-elle renoncer à son rêve ?

« J'avais peur. En quelque sorte, la traversée de cette rivière
avait fait de ce voyage une réalité. Nous nous apprêtions à
pénétrer dans des régions inhabitées. »

Flammarion jeunesse

MICHEL HONAKER

ODYSSÉE

IL Y A LONGTEMPS,
BIEN TROP LONGTEMPS MAINTENANT
QU'ULYSSE A QUITTÉ LE RIVAGE
DE SON CHER ROYAUME D'ITHAQUE
POUR PARTIR À LA GUERRE.
PÉNÉLOPE ET TÉLÉMAQUE ESPÈRENT
CHAQUE JOUR SON RETOUR.
MAIS LE VOYAGE N'EST PAS FINI.

AINSI EN ONT DÉCIDÉ LES DIEUX...

**QUATRE TOMES
PARUS**

LA MALÉDICTION DES PIERRES NOIRES

LIVRE I

MICHEL HONAKER

ODYSSÉE

LA MALÉDICTION DES PIERRES NOIRES

Flammarion

Depuis dix ans, la ville de Troie est assiégée
par l'armée grecque. Elle compte parmi ses généraux
le héros aux mille ruses, Ulysse.
Le destin de tout un peuple repose entre ses mains.
Mais pour l'accomplir ne devra-t-il pas renoncer
à sa vie de simple mortel ?

LES NAUFRAGÉS
DE POSÉIDON
LIVRE II

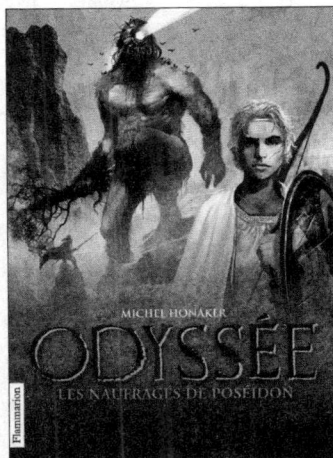

Alors qu'Ulysse erre toujours sur les mers du monde,
son fils Télémaque part à sa recherche.
Pénélope est désormais seule face à ses nombreux
prétendants. Tous les trois devront déjouer les plans
machiavéliques de leurs ennemis,
humains comme divins.

LE SORTILÈGE DES OMBRES
LIVRE III

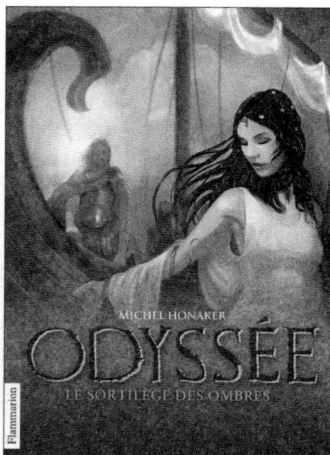

La folie des hommes et la colère des dieux
ont empêché Ulysse d'atteindre Ithaque.
Repoussé par des vents contraires,
il échoue sur l'île de l'envoûtante Circé.
Tandis qu'Ulysse se bat pour résister aux sortilèges
de la magicienne, son fils, Télémaque,
découvre le destin tragique qui l'attend...

LA GUERRE DES DIEUX

LIVRE IV

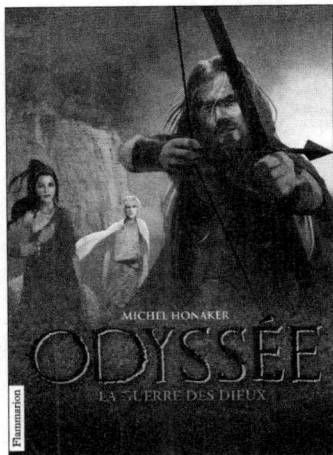

Ulysse aperçoit enfin la côte d'Ithaque,
où l'attend sa dernière épreuve,
peut-être la plus terrible... Mais, pour qu'il puisse
reconquérir son trône, les dieux doivent lever
la malédiction qui l'empêche de rentrer chez lui.
Pourtant, Zeus et Poséidon ne parviennent pas
à trouver un accord et la guerre semble
inévitable. Ulysse sortira-t-il indemne de
cet affrontement divin ?

Imprimé en Espagne par
Litografia rosés
à Gava
en juillet 2010

Dépôt légal : août 2010
N° d'édition : L.O1EJEN000454.N001
Loi n° 49-956 du 16 juillet 1949
sur les publications destinées à la jeunesse